PRODUÇÃO TEXTUAL, LITERATURA E LEITURA

Dados Internacionais de Catalogação na Publicação (CIP)
(Câmara Brasileira do Livro, SP, Brasil)

Silva, Paulo Ricardo Moura da
　Produção textual, literatura e leitura : mais de 50 propostas para a sala de aula / Paulo Ricardo Moura da Silva. – Petrópolis, RJ : Vozes, 2024.

　Bibliografia
　ISBN 978-85-326-6776-2

　1. Educação 2. Leitura 3. Literatura 4. Prática pedagógica 5. Textos – Produção I. Título.

24-190596　　　　　　　　　　　　　　　　　　CDD-371.3

Índices para catálogo sistemático:
1. Práticas pedagógicas : Educação　371.3
Eliane de Freitas Leite – Bibliotecária – CRB 8/8415

PAULO RICARDO MOURA DA SILVA

PRODUÇÃO TEXTUAL, LITERATURA E LEITURA

MAIS DE 50 PROPOSTAS PARA A SALA DE AULA

EDITORA
VOZES

Petrópolis

© 2024, Editora Vozes Ltda.
Rua Frei Luís, 100
25689-900 Petrópolis, RJ, Brasil
www.vozes.com.br

Todos os direitos reservados. Nenhuma parte desta obra poderá ser reproduzida ou transmitida por qualquer forma e/ou quaisquer meios (eletrônico ou mecânico, incluindo fotocópia e gravação) ou arquivada em qualquer sistema ou banco de dados sem permissão escrita da editora.

CONSELHO EDITORIAL

Diretor
Volney J. Berkenbrock

Editores
Aline dos Santos Carneiro
Edrian Josué Pasini
Marilac Loraine Oleniki
Welder Lancieri Marchini

Conselheiros
Elói Dionísio Piva
Francisco Morás
Gilberto Gonçalves Garcia
Ludovico Garmus
Teobaldo Heidemann

Secretário executivo
Leonardo A.R.T. dos Santos

PRODUÇÃO EDITORIAL

Aline L.R. de Barros
Marcelo Telles
Mirela de Oliveira
Otaviano M. Cunha
Rafael de Oliveira
Samuel Rezende
Vanessa Luz
Verônica M. Guedes

Conselho de projetos editoriais
Isabelle Theodora R.S. Martins
Luísa Ramos M. Lorenzi
Natália França
Priscilla A.F. Alves

Editoração: Andrea Bassoto Gatto
Diagramação: Littera Comunicação e Design
Revisão gráfica: Lorena Delduca Herédias
Capa: Eduarda Ribeiro

ISBN 978-85-326-6776-2

Este livro foi composto e impresso pela Editora Vozes Ltda.

A palavra é meu domínio sobre o mundo.
Clarice Lispector

Mestre não é quem sempre ensina,
mas quem de repente aprende.
João Guimarães Rosa

A todas as turmas de estudantes
que estiveram, estão e estarão comigo
investigando o poder das palavras.

Sumário

Apresentação, 9

Parte I A palavra pensada, 13
1 Literatura e leitura: a construção de sentidos, 15
2 Literatura e produção textual: a prática pedagógica, 27

Parte II A palavra criada, 59
1 Na posição de leitor-estudante, 61
2 Na posição de autor, 74
3 Na posição de personagem fictício, 84
4 Na posição de crítico literário, 90
5 Na posição de membro de equipe editorial, 97
6 Na posição de jornalista/publicitário, 102
7 Na posição de agente político, 107

Referências, 113

Apresentação

Após a publicação do livro *Práticas escolares de letramento literário: sugestões para leitura literária e produção textual*, percebi que havia a necessidade de dedicar-me, de modo mais específico e aprofundado, a sistematizar propostas de produção textual no âmbito de práticas pedagógicas que visam ao letramento literário na educação básica.

O presente livro é o resultado de um processo de estudo, reflexão, criação e experimentação em sala de aula. Como professor do Instituto Federal de Educação, Ciência e Tecnologia de Minas Gerais (IFMG), a minha experiência de sala de aula na educação básica está direcionada para o Ensino Médio. Desse modo, as propostas de produção textual aqui apresentadas têm como horizonte justamente o Ensino Médio. Mas nada impede que os/as professores/as do Ensino Fundamental também apliquem as propostas em suas turmas, fazendo ajustes quando necessários, para melhor contextualizar as propostas a essa etapa de escolarização.

Nesses termos, o livro *Produção textual, literatura e leitura: mais de 50 propostas para a sala de aula* não se propõe a ser um ponto de chegada que dispõe modelos de práticas pedagógicas prontos e acabados para os/as professores/as apenas os reproduzirem em suas turmas. Ao contrário, anseio que este livro seja tomado como um ponto de partida, uma referência, que permitirá aos/às professores/as e aos/às futuros/as professores/as repensarem os processos de ensino-aprendizagem no âmbito do ensino de Literatura.

Por essa razão, as propostas de leitura e produção textual desta obra não foram elaboradas a partir de um texto literário específico, de maneira que as propostas fossem diretamente direcionadas e particularizadas para práticas pedagógicas com um determinado texto literário. Aqui apresento sugestões gerais que permitem ao/à professor/a planejá-las no contexto específico de sua atuação profissional, podendo utilizar uma mesma proposta de produção textual para trabalhar diferentes textos literários. Desse modo, a realização do que sugiro sempre implica que o/a professor/a produza as especificações necessárias, trabalhando não *a* proposta, mas *a partir da* proposta. Isso é um grande diferencial deste livro em relação aos demais materiais que temos disponíveis atualmente.

Ademais, as propostas de produção textual que disponibilizo não se restringem apenas à produção e à recepção de textos literários, como é indicado na BNCC do Ensino Médio. Também sugiro que a literatura seja trabalhada em sala de aula com base na sua relação com outros campos da atividade humana, como a ciência, a política, o jornalismo e a publicidade.

Nesses termos, busquei reformular o trabalho com gêneros discursivos já muito conhecidos dos/as professores/as da educação básica, bem como busquei considerar gêneros que dificilmente são produzidos na escola e, especialmente, no âmbito do ensino de Literatura. Nas sugestões aqui apresentadas estive sempre atento ao uso das tecnologias digitais de informação e comunicação, à multimodalidade da linguagem e à interdisciplinaridade.

A abordagem sociointeracionista que adoto, sobretudo a partir dos estudos de Bakhtin, coloca as propostas de leitura e produção textual deste livro em consonância com as discussões mais atuais. Sugiro processos de ensino-aprendizagem pautados na interação dialógica, o que implica valorizar o uso efetivo das linguagens, o trabalho com os gêneros discursivos, a presença da alteridade e a dimensão social.

A minha disposição é contribuir para com o trabalho docente na educação básica, que sofre inúmeras críticas, mas que ainda carece de parcerias efetivas para a realização das mudanças que muitos de nós almejamos para a escola. Nesses termos, disponibilizo o meu contato para ouvir experiências, compartilhar dúvidas e inseguranças, e também conhecimentos, projetos, esperanças. Sejamos uma rede de leitores conectados por um projeto de educação mais humanizada, inclusiva e crítica.

Façamos, juntos, uma escola mais poética!

Paulo Ricardo Moura da Silva
paulo.moura@ifmg.edu.br

Parte I
A palavra pensada

1
Literatura e leitura:
a construção de sentidos

1.1 Abordagens da leitura (literária)

Ao lidarmos com a literatura, seja como leitores comuns, seja como estudiosos de Literatura, um conceito de leitura torna-se fundamental, ainda que de maneira inconsciente, uma vez que tal conceito orienta a nossa posição e a nossa perspectiva diante da obra literária e, consequentemente, o modo como iremos experienciá-la e compreendê-la. De modo geral, podemos considerar que há quatro grandes abordagens conceituais para a leitura. Essas abordagens constituem-se a partir do enfoque em um determinado aspecto, a saber:

(i) *o autor (abordagem autoral)*: para essa concepção, ler é sinônimo de identificar a intencionalidade do autor, bem como determinadas relações, diretas e imediatas, entre o texto e as informações biográficas. O sentido seria fornecido pelo autor no momento da escrita, de maneira que o texto seria o meio que conduz o sentido até o leitor.

(ii) *a obra (abordagem estruturalista)*: o sentido estaria na materialidade do texto e, por isso, seria dele próprio que ele emergiria no processo de leitura, o que disponibilizaria ao leitor a posição de quem identifica um sentido que já está presente no texto devido à organização estrutural da linguagem antes mesmo da leitura.

(iii) *o leitor (abordagem cognitivista)*: essa abordagem destaca as habilidades cognitivas do leitor que, para a produção de sentidos, aciona processos mentais de percepção, memória e raciocínio ao fazer predições, inferências e generalizações, mobilizando, para tanto, seus conhecimentos prévios. Desse modo, o leitor utilizaria estratégias que possibilitariam compreender os sentidos do texto.

(iv) *a interação social (abordagem sociointeracionista)*: os sentidos seriam tecidos nas relações dialógicas entre autor, obra e leitor(es), que se constituem nos âmbitos social, cultural e histórico. A partir de uma dimensão enunciativa, o leitor, como ser social, é compreendido como membro de uma comunidade de leitores, na qual elabora, negocia e compartilha sentidos *para* o texto (e não sentidos *do* texto), em um determinado contexto sócio-histórico.

Nas duas primeiras abordagens nota-se um leitor passivo, que se comporta como um mero receptor da mensagem, cujo sentido já estaria pronto e acabado, o que desconsidera ou, ao menos, secundariza a função do leitor no processo de leitura. Na terceira abordagem, o leitor, demasiadamente individualizado[1], seria um investigador que infere o sentido ou, em outras

---

1 Mesmo que se considere o conhecimento de mundo do leitor, o que, a princípio, poderia sugerir uma dimensão mais social para a concepção cognitivista de leitura, a nosso ver trata-se de um conhecimento que foi internalizado e subjetivado pelo leitor e, por isso, ainda está no âmbito de sua individualidade. Afinal, a cognição é, em última instância, um aspecto mais diretamente do indivíduo do que das relações sociais, ainda que o indivíduo se constitua no âmbito social.

palavras, a leitura funcionaria como se fosse um jogo, em que o sentido precisaria ser deduzido pelo leitor habilidoso a partir de indícios de pistas recolhidas no texto. Já na quarta abordagem, o leitor adota uma ação responsiva, em termos de uma resposta responsável ao texto e à vida (para remetermo-nos às reflexões de Bakhtin [2011]), bem como de uma ação socializadora e coletiva, ao estabelecer um conjunto de interações *a partir do* e *com o* texto, a fim de construir, desconstruir e reconstruir sentidos e compartilhá-los.

Nos estudos atuais sobre leitura empreendidos pelos pesquisadores da língua e das linguagens, a concepção cognitivista e sociointeracionista são muito valorizadas e prestigiadas, enquanto as outras abordagens mencionadas anteriormente, a saber, a autoral e a estruturalista, são vistas com muita desconfiança. Entretanto em certos livros didáticos, assim como em determinadas práticas pedagógicas da educação básica (e, quem sabe, até mesmo do Ensino Superior), ainda se observa a concepção autoral de leitura, sobretudo ao condicionar a leitura da obra literária à biografia do autor e ao propor determinadas questões interpretativas, como "o que o autor quis dizer com essa obra?"

No âmbito da pesquisa em Literatura, a abordagem autoral é problematizada, com uma perspectiva crítica que aponta para as contradições e as limitações do biografismo (relações indevidas e excessivas entre obra literária e dados biográficos do autor), principalmente no que se refere a estabelecer uma identidade ou, melhor dizendo, uma identificação, total e sem mediações, entre o escritor, como pessoa empírica, e as *personas* literárias (sujeito poético, narrador, personagem etc.). Se é possível notar certa influência de aspectos da vida do autor em sua obra, é preciso considerar também que, na literatura, a matéria viva da realidade é selecionada, transfigurada, reconfigurada e ressignificada no processo criativo da escrita literária. Assim como o sentido não é limitado, única e exclusivamente, pelo "querer dizer" do autor, também o texto, por si só, nada pode dizer, pois, em termos enunciativos, o "dizer" implica uma rede de interações, situada social e historicamente. Logo, a questão não é perguntar-se o que o autor quis dizer ou o que a obra literária quer dizer, mas o que nós, leitores, podemos dizer *a partir da* e *na* interação com o autor, com a obra e com os demais leitores no contexto social em que estamos.

Ao discutirmos a leitura literária não podemos deixar de reconhecer a importância que as Teorias da Recepção têm por enfatizarem a relevância da leitura e do leitor nos processos que envolvem a literatura. Segundo Mirian Hisae Yaegashi Zappone (2005), podemos estabelecer três linhas de abordagem das Teorias da Recepção, a saber:

(i) a *Estética da Recepção*, com destaque para as discussões de Hans Robert Jauss, o qual, para além dos efeitos estéticos experienciados pelo leitor, propôs também uma história da literatura pautada na dimensão recepcional;

(ii) o *Reader-Response Criticism*, cujos principais representantes seriam Stanley Fish, Jonathan Culler e Wolfgang Iser, que se preocupam com os efeitos que as obras literárias produzem no leitor, ressaltando a importância do efeito para a elaboração do sentido;

(iii) a *Sociologia da Leitura*, especialmente a pensada por Robert Escarpit, que é uma importante referência para os trabalhos de Roger Chartier e Pierre Bourdieu, que se interessa pela materialidade dos livros e da leitura em seus contextos de produção, circulação, distribuição e recepção.

Não nos vinculamos, direta e exclusivamente, às Teorias da Recepção para pensarmos a leitura literária. Para nossa reflexão, concebemos a leitura literária enquanto elaboração e compartilhamento de sentidos, que implica um processo interacional, sempre situado sócio-historicamente, conforme proposto pela abordagem sociointeracionista.

1.2 A produção do sentido na leitura literária

Conforme salienta Rildo Cosson (2019), estabelecer relações intratextuais, contextuais e intertextuais é um dos aspectos mais primordiais na produção de sentidos porque é na dimensão dialógica que o sentido é construído. Metaforicamente, é como se a leitura fosse tecida com muitos fios que se entrelaçam, pois se o texto é tecitura, conforme sua origem etimológica sugere, a leitura também o é.

É pelo estabelecimento de relações que podemos passar do conhecido ao desconhecido, de partirmos dos conhecimentos que temos para nos lançarmos no desconhecido trazido pela leitura literária e, assim, conhecer o que não conhecíamos até então. Ademais, relacionar possibilita-nos termos referências (no sentido de aspectos que nos sirvam como "pontos de referência") para melhor compreendermos a obra literária, pois elas podem indicar-nos caminhos e, assim, orientar o processo de construção dos sentidos.

Segundo Bakhtin (2014, p. 137, grifos no original),

> [...] a compreensão é uma forma de diálogo; ela está para a enunciação assim como uma réplica está para a outra no diálogo. Compreender é opor a palavra do locutor uma *contrapalavra*. [...] Na verdade, a significação pertence a uma palavra enquanto traço de união entre os interlocutores, isto é, ela só se realiza no processo de compreensão ativa e responsiva. A significação não está na palavra nem na alma do falante, assim como também não está na alma do interlocutor. Ela é *o efeito da interação do locutor e do receptor produzido através do material de um determinado complexo sonoro.*

Não se trata apenas de preencher lacunas, como se a participação do leitor, no processo de construção do sentido, fosse controlada e subordinada ao autor ou ao próprio texto literário, os quais reservariam um espaço, já bem demarcado, para a ação do leitor. A interação pressupõe uma relação mais dinâmica do que o engessamento da posição de suprir faltas em um texto que, supostamente, viria semipronto ao leitor, com partes preenchidas, que ele receberia passivamente, e, outras, lacunares, que o leitor seria incumbido de completar.

Fundamentalmente, a leitura literária é um espaço de encontro e diálogo, assim, o leitor não está fechado em si mesmo, silencioso e recluso, está atuante no processo interativo, que se constitui numa rede de relações dialógicas entre autor, texto literário, leitores, mercado editorial, contextos (de produção, circulação e recepção), outras produções textuais (com *status* literário ou não) e conhecimentos de outra ordem (por exemplo, a ciência, a filosofia, a religião e as tradições populares).

Sendo espaço de encontro e diálogo, a leitura literária é também convivência com as palavras da alteridade, as quais, em sua materialidade esteticamente trabalhada, constroem uma perspectiva sobre os seres humanos e o mundo. Somos convidados a conviver com as obras literárias ao lê-las atentamente, ao recordarmos de uma passagem, ao relê-las para revitalizarmos seu sentido anteriormente construído. Ademais, é convivência com outros leitores, afinal, a literatura possibilita a conexão entre pessoas, não apenas para o compartilhamento de sentidos, mas também para a elaboração de sentidos valendo-se da compreensão do outro. Aspecto que favorece a nossa formação contínua como leitores literários.

Ler com o outro é aprender com ele, não em termos de receber o sentido pronto e acabado do outro e aceitá-lo como verdade absoluta, mas para observarmos criticamente as possibilidades semânticas e os modos de ler-se uma obra literária. Nesses termos, os professores e os críticos literários têm uma função fundamental, porque podem auxiliar leitores literários a construírem sentidos mais profundos e abrangentes, que ampliem as percepções estético-ideológicas das obras literárias. Trata-se, pois, de construir diálogos que promovam a reflexão, a discussão, a problematização e a análise, reconhecendo o valor que há em pensar *com o outro* e não simplesmente pensar *o outro*, ou, pior, pensar *para o outro*.

Como construtores do sentido, os leitores tornam-se coautores, pois, de acordo com Terry Eagleton (2006, p. 19), "todas as obras literárias, em outras palavras, são 'reescritas', mesmo que inconscientemente, pelas sociedades que as leem; na verdade, não há releitura de uma obra que não seja também uma 'reescritura'". A leitura é uma reescritura da obra literária na medida em que a obra é atualizada e revivificada ao inserir-se no contexto de circulação e de recepção.

O que fundamenta essa posição crítica é uma mudança no modo como comumente concebe-se o que é uma obra literária. Em geral, equivocadamente, entende-se que ela se encerra na materialização linguística, empreendida pelo escritor no ato de escrever, o que sugere que, após esse momento, ela estaria acabada e permaneceria estática no tempo-espaço. Assim, quando os leitores se dedicam a ler a obra, estariam tendo contato com exatamente a mesma que vem sendo lida desde sua primeira publicação, sem nenhuma modificação, o que sugeriria uma neutralização do processo de edição do livro.

A princípio, o editor tem (ou deveria ter) o compromisso de preservar, na medida do possível, o texto produzido pelo autor, ainda que se façam algumas atualizações ortográficas quando necessárias. Porém é comum que o processo da primeira edição do livro implique alterações do texto inicialmente enviado pelo autor à editora, seja por sugestão da equipe editorial, seja por determinação do próprio escritor. Afinal, em termos gerais, a publicação de uma obra é um processo coletivo, salvo os casos em que o próprio escritor atua, também, como editor, revisor e livreiro.

Ademais, nas edições posteriores à primeira pode haver algumas mudanças no texto, inclusive propostas pelo próprio autor, o que torna difícil definir o que seria efetivamente "o texto do autor", "o texto original": o manuscrito? A primeira edição? A última edição em vida do escritor? Nesses casos, pode-se realizar uma edição crítica para propor um texto definitivo, a partir de critérios bem-fundamentados e de metodologia rigorosa. Porém qualquer proposta de edição crítica também pode apresentar equívocos, inadequações e lacunas e, por isso, ser problematizada.

Espera-se que a equipe editorial proponha novos projetos gráficos para os livros, mudanças de suportes (por exemplo, de livros impressos para *audiobooks* e *e-books*), inserção de prefácios, posfácios, notas editoriais, notas de rodapé e ilustrações, que modificam a experiência de leitura.

A obra literária não tem uma existência abstrata, que independe da materialidade de seu suporte. É certo que ela é mais do que o suporte, mas efetivamente não existe sem ele. Desse modo, ao inserir-se na história, ao interagir no espaço-tempo da cultura, a materialidade da obra está em constante transformação.

Para além da questão editorial, a construção de sentidos também revitaliza a obra literária. Elaborar novos sentidos para o livro é uma reescritura, na medida em que os leitores recriam a obra ao fazerem com que ela seja percebida a partir de diferentes perspectivas. Essa diversidade semântica seria responsável por remodelar ou, melhor dizendo, por reescrever a obra literária, que recebe um novo sopro de vida a cada leitura.

Com isso, os leitores não estão anulando ou descartando o que foi enunciado pelo autor, estão apenas enriquecendo a obra ao proporem interpretações, análises e reflexões, que se constituem como respostas às palavras enunciadas pelo autor. Não podemos considerar que a obra literária exista independentemente dos seus sentidos, como se houvesse a possibilidade de a elaboração de sentidos ser posterior a sua constituição, criando uma separação entre obra literária, escrita pelo autor, e sentidos, tecidos pelos leitores. Ao contrário, os sentidos, que são historicamente construídos, são partes fundamentai da própria obra, porque a realizam na cultura, tornam-na viva e atual, e não um objeto mumificado.

1.3 Modos de ler no âmbito literário

Reconhecer um texto como literário implica determinado modo de ler. É esperado que o leitor literário, com certa maturidade, possa:

(i) estabelecer relações intratextuais, contextuais e intertextuais;

(ii) observar o modo como a obra literária é esteticamente organizada em termos formais, sobretudo com relação à utilização estética da(s) linguagem(ns) para a produção de sentidos;

(iii) prestar especial atenção aos detalhes, perceber sutilezas e ambiguidades, defrontando-se, criticamente, com os ditos e os não ditos do texto literário;

(iv) desconfiar e questionar a primeira aparência da palavra lida, de modo a sugerir que o discurso literário vai para além do universo literariamente construído, ao remeter-se a diferentes esferas de realidade humana, ainda que não tenham sido explicitamente enunciadas.

A título de exemplificação: uma flor, numa determinada obra literária, sendo flor, pode tornar-se também uma forma de discutir aspectos sociais, culturais, históricos, políticos, econômicos, psicológicos, existenciais, filosóficos, científicos, metalinguísticos, estéticos etc.

No processo de leitura de obras literárias, o leitor não é apenas um observador atento e distanciado do universo literário. Com sua voz, seu corpo e sua mente, ele também dá vida ao mundo literariamente construído, humanizando-o ao atualizá-lo. Nesses termos, as *personas* presentes nas obras literárias (sujeito poético, narrador, personagens etc.) não são seres humanos, mas, pela leitura, tornam-se humanizadas. Isso não significa afirmar que o leitor se torna completamente outro, ou, mais especificamente, que ele deixa de ser quem é na realidade social para converter-se integralmente nos sujeitos ficcionais ou poéticos da obra literária.

Em relação ao universo literário, o leitor não está nem dentro, nem fora, nem descolado, de sua realidade social-subjetiva, nem integrado plenamente à realidade estética da obra literária. Ele está num espaço outro, num território comum (para utilizarmos uma expressão de Bakhtin [2014]), formado da intersecção entre ambas as realidades (social-subjetiva e estético-literária). É esse território comum que torna possível que o leitor, sem deixar totalmente de ser quem é e sem efetivamente ser as *personas* literárias, desloque-se para poder interagir com a obra literária e, desse lugar de interação, constituir um ponto de vista diferenciado para o mundo e os seres humanos.

Ainda que se possa estabelecer uma noção mais geral de leitura literária, é importante reconhecer que há diferentes práticas de leitura literária, organizadas a partir de diferentes objetivos, com diferentes agentes sociais, em diferentes contextos sociais. Conforme demonstra Roger Chartier (2011), as práticas de leitura são constituídas historicamente e, por isso, não apenas no presente momento há diversas práticas, como, ao longo do processo histórico, notam-se transformações, variações e variedades.

Segundo o historiador francês, a leitura visual silenciosa, em que se lê sentado e em silêncio, com os olhos direcionados para uma página impressa, começou a ser realizada entre os séculos IX e XI, nos *scriptoria* monásticos, em que os monges se dedicavam à produção de livros manuscritos durante a Idade Média. Depois, no século XIII, é difundida nas universidades e, por fim, na metade do século XIV, atinge as aristocracias laicas.

A historização da leitura proposta por Chartier permite-nos afirmar que nem sempre lemos da forma como costumamos ler na sociedade contemporânea. Assim também, no futuro certamente não continuaremos a ler da mesma maneira de hoje. A leitura em tela, por exemplo, parece apontar para mudanças significativas nos modos de ler no presente e que, seguramente, com o avanço tecnológico, continuará a alterar os processos e as dinâmicas do ato de ler.

2
Literatura e produção textual: a prática pedagógica

2.1 A interação como fundamento e princípio da educação

Antes de pensarmos nos aspectos metodológicos e curriculares que constituem ou podem constituir a prática pedagógica, é importante estarmos conscientes dos alicerces, das bases fundamentais do projeto de educação no qual nos engajamos, pois, ao apresentarmos ou discutirmos nossos posicionamentos sobre educação, ao planejarmos ações pedagógicas no âmbito da escola, ao ministrarmos nossas aulas cotidianamente, estamos sempre vinculados e defendendo um projeto de educação.

Nesses termos, propomos que o diálogo, ou, para sermos mais precisos, que a interação dialógica seja compreendida como eixo central de uma educação comprometida com a emancipação humana a partir de uma atitude crítica com relação às realidades e de valores éticos que afirmem a necessidade de que todos/as tenham dignidade de existir.

Na perspectiva enunciativa, o indivíduo constitui-se como sujeito no ato de usar a língua, propondo-se como sujeito *para* e *a partir de* outros, no aqui-agora da enunciação. Desse modo, ser sujeito não é ter um conjunto de propriedades e atributos exclusivos, mas ocupar uma posição na interação. Existimos como sujeitos na relação com os outros e, por isso, em uma situação real de interação, que implica o uso efetivo da língua.

Bakhtin considera que "duas vozes são o mínimo de vida, o mínimo de existência" (2018, p. 293). Para o pensador russo não há uma essência perene, imutável e fechada em si mesma que caracteriza o indivíduo como ser humano, assim como não existe um "eu" que pode ser isolado e autonomizado do mundo social do qual participa, um "eu" que, supostamente, é a unidade mínima da existência. Ao contrário, é na interação entre o eu e o outro que a vida humana se realiza em termos de processo, de ação, de busca *diante do* e *com o* outro, em um determinado contexto social.

Se a interação dialógica é constitutiva dos sujeitos, a educação, por sua vez, não pode acontecer sem ser necessariamente na interação entre indivíduos que estão socialmente organizados. Ao invés da mera transmissão monológica de conteúdos, que reforça a posição hierárquica de um/a professor/a que fala e de alunos que ouvem, não podemos deixar de enfatizar que a educação é feita na relação dialógica com as alteridades, que se constitui *pelo* e *no* uso da língua em sua dimensão social.

Por definição, o outro nunca é perfeitamente idêntico a nós, sempre há algo que o difere. Bakhtin (2011, p. 21) apresenta uma imagem interessante para pensarmos essa questão:

> Quando contemplo no todo um homem situado fora e diante de mim, nossos horizontes concretos

> efetivamente vivenciáveis não coincidem. Porque em qualquer situação ou proximidade que esse outro que contemplo possa estar em relação a mim, sempre verei e saberei algo que ele, da sua posição fora e diante de mim, não pode ver [...].

Ocupando a posição que nos foi oportunizada na interação com o outro, sempre conheceremos algo que o outro, ocupando a posição dele, não pode conhecer e vice-versa.

Esse a mais que sei,

> [...] esse *excedente* da minha visão, do meu conhecimento, da minha posse [...] é condicionado pela singularidade e pela insubstitutibilidade do meu lugar no mundo: porque nesse momento e nesse lugar, em que sou o único a estar situado em dado conjunto de circunstâncias, todos os outros estão fora de mim (Bakhtin, p. 21, grifos no original).

Somente eu posso ocupar a posição que ocupo nas interações que estabeleço, o que me possibilita conhecer algo que os outros não conhecem. Assim, também, eu não posso ocupar a posição que os outros ocupam, o que resulta na impossibilidade de conhecer algo que somente é permitido conhecer estando na posição do outro.

Por essa razão há em nós um excedente de conhecimento, mas também uma carência de conhecimento. Afinal, nessa perspectiva, ninguém pode dizer que não sabe nada e ninguém pode dizer que sabe tudo. É nessa diferença e nessa divergência de conhecimento entre o eu e o outro que há a possibilidade do ensino-aprendizagem, no qual tanto professores/as quanto estudantes ensinam e aprendem ao mesmo tempo.

Conforme propôs Paulo Freire (2019, p. 26), "quem ensina aprende ao ensinar e quem aprende ensina ao aprender".

Na interação é possível que eu compartilhe com o outro e que o outro compartilhe comigo nossas compreensões singulares para, coletivamente, engajarmo-nos num processo de ensino--aprendizagem que possibilite a construção de sentidos.

Nesses termos, o encontro com o outro, em suas dessemelhanças conosco, precisa ser compreendido como oportunidade para o conhecimento, e não para o silenciamento, para a anulação e para a aniquilação do outro em sua singularidade. Se na competição meritocrática o outro é meu inimigo que deve ser eliminado por mim, na educação com base na interação dialógica o outro é com quem compartilho, ensino e aprendo, concordo e discordo, reconheço a diversidade do mundo humano e o meu lugar nele.

Afinal, para Bakhtin (2016, p. 59), "a nossa própria ideia – seja filosófica, científica, artística – nasce e se forma no processo de interação e luta com os pensamentos dos outros". Logicamente, a luta, nessa passagem, não pode ser compreendida em termos de efeito de destruição e de aniquilamento do outro, mas em termos de processo de confrontação, oposição e divergência ao discurso do outro, que coloca o eu em interação com o outro.

Para Maurice Tardif e Claude Lessard (2013, p. 35, grifo no original)[2],

> [...] *a docência é um trabalho cujo objeto não é constituído de matéria inerte ou de símbolos, mas de relações humanas com pessoas capazes de inicia-*

---

2 Vale salientar que Maurice Tardif e Claude Lessard não compreendem a interação na perspectiva enunciativa de Bakhtin, mas sim na perspectiva filosófica da ação comunicativa de Habermas.

tiva e dotadas de uma certa capacidade de resistir ou de participar da ação dos professores.

E afirma ainda: "*Sem essas interações a escola não é nada mais que uma concha vazia*" (Tardif; Lessard, 2013, p. 23, grifo no original).

O objeto sobre o qual os/as professores/as atuam em sua atividade laboral não é o conjunto dos conhecimentos de sua disciplina, abstratamente isolados do contexto específico de cada aula, e, sim, as interações sociais entre professor/a e estudantes que possibilitam o ensino-aprendizagem de determinados conhecimentos. Desse modo, planejar, promover, mediar e avaliar situações de interação em sala de aula são aspectos fundantes e fundamentais da atuação docente no processo de ensino-aprendizagem, de maneira que negligenciar a interação é negligenciar o próprio processo pedagógico.

Se queremos educar *para* o diálogo, isto é, se um dos objetivos fundamentais do nosso projeto de educação é formar seres humanos dispostos ao diálogo na vida social, então é imprescindível educarmos *pelo* e *no* diálogo, de maneira que ele seja um procedimento didático das nossas práticas pedagógicas, tanto para promovermos rodas de conversas, debates, seminários argumentativos[3], estudos colaborativos, para que o/a professor/a e os estudantes investiguem, analisem e discu-

---

3 No âmbito escolar é mais comum que se solicitem seminários expositivos aos estudantes, ou seja, quando o/a estudante ou um grupo de estudantes apresenta oralmente informações sobre determinada temática para os demais de sua turma. Diferentemente, no seminário argumentativo há a defesa oral de uma ideia por meio de argumentos que buscam demonstrar a validade da ideia. É importante que no seminário argumentativo haja, também, um momento para que toda a turma possa argumentar a favor ou contra a ideia defendida no seminário.

tam sobre (e não apenas exponham) os conteúdos programáticos, como forma de construção coletiva do conhecimento, quanto para oportunizar o diálogo entre os diferentes saberes e linguagens, num trabalho coletivo, fundamentado no estabelecimento de relações para a elaboração de sentidos.

Segundo Paulo Freire (2019, p. 39),

> [...] a tarefa coerente do educador que pensa certo é, exercendo como ser humano a irrecusável prática de inteligir, desafiar o educando com quem se comunica, a quem se comunica, a produzir sua compreensão do que vem sendo comunicado. Não há inteligibilidade que não seja comunicação e intercomunicação e que não se funde na dialogicidade.

Esse processo faz da palavra a matéria primordial do trabalho docente, porque a palavra é o meio da educação, não apenas no sentido de ser um instrumento pedagógico, mas também de ser o espaço em que a educação acontece. Segundo Tardif e Lessard (2013, p. 192), "ensinar é trabalhar na linguagem, com a linguagem". Afinal, a língua não é um mero canal para comunicarmo-nos; uma vez que nós, seres humanos, habitamos a língua, fazemos dela um espaço interativo para existirmos como sujeitos e seres sociais.

Desse modo, qualquer professor/a, independentemente da disciplina a que se dedica, é um profissional da palavra e precisa perceber-se a partir dessa posição em termos de possibilidades, potencialidades, limites, limitações e responsabilidades. É importante que a reflexão sobre o modo como o/a professor/a utiliza as palavras (e também os silêncios) com os estudantes, em todos os momentos do processo de ensino-aprendizagem, seja constante em sua trajetória profissional, porque isso permite a análise de um aspecto primordial de seu trabalho e, com ela, o aprimoramento de sua prática pedagógica.

Em consonância com os estudos de Paulo Freire (2019), propomos que a sala de aula seja espaço de problematização, questionamento, investigação, pesquisa, análise, reflexão, discussão, reformulação, compartilhamento, colaboração e criação, e também espaço de interação, em que as perguntas provoquem um abalo em nossa zona de conforto, instaurem uma consciência de nossas ignorâncias, motivando-nos a ir em busca do conhecimento e, assim, orientem o processo de ensino-aprendizagem. Almejamos que o/a professor/a e os estudantes estejam abertos ao desconhecido revelado na interação com o outro e, nesse processo, descubram o valor inestimável das palavras.

Se queremos promover uma educação efetivamente transformadora, é preciso oportunizarmos processos de ensino--aprendizagem em que a interação dialógica para a construção de sentidos seja a centralidade. Afinal, como adverte Bakhtin (2017, p. 71, grifo no original),

> [...] a coisa, ao permanecer coisa, pode influenciar apenas as próprias coisas; para exercer influência sobre os indivíduos ela deve revelar *seu potencial de sentidos*, isto é, deve incorporar-se ao eventual contexto de palavras e sentidos.

A palavra na sala de aula precisa ser vivenciada em toda a sua potência de construção para oportunizarmos uma educação que verdadeiramente *trans-forma*, isto é, que muda as formas, os modos dos sujeitos existirem em sociedade.

2.2 O letramento literário em sala de aula

Atualmente, as discussões sobre o trabalho pedagógico com a literatura em sala de aula, com destaque para a Base Nacional Comum Curricular (BNCC) (Brasil, 2017), enfatizam a importância de se organizarem práticas pedagógicas comprometidas com a formação de leitores literários, isto é, a centralidade do processo de ensino-aprendizagem é a leitura das obras literárias. Isso posto, adverte-se que a sugestão não é instrumentalizar as obras literárias para o ensino de conteúdos gramaticais, tampouco reduzir as aulas de Literatura à exposição do desenvolvimento histórico das escolas literárias, na qual as obras aparecem apenas para exemplificar as características gerais dos movimentos literários.

A noção de uma formação de leitores literários na escola pressupõe que as pessoas aprendem e ensinam a ser leitores de obras literárias e, por isso, essa prática não acontece na espontaneidade. Não basta oferecer um livro, deixar os estudantes lendo por si mesmos e esperar que o processo se dê naturalmente. É imprescindível que o/a professor/a planeje, oriente, medeie e instigue a atividade de leitura, a fim de que os estudantes tenham a oportunidade de desenvolverem-se como leitores, tanto no modo de ler as obras literárias como na ampliação do gosto para além das obras literárias que os estudantes-leitores já gostam.

O objetivo central do processo de ensino-aprendizagem é letrar literariamente os estudantes. Por letramento literário escolar compreendemos o processo contínuo de inserção e participação ativas em práticas sociais concretas de leitura e escrita literária, não apenas no âmbito da sala de aula, mas também em outros espaços da escola (por exemplo, a biblioteca), em clubes literários e em eventos literários, os quais mobilizam toda a comunidade escolar para vivenciar coletivamente a literatura. Nesses termos, os processos de socialização, as construções e os compartilhamentos coletivos e o estabelecimento de relações dialógicas são as bases fundamentais do letramento literário segundo a perspectiva que adotamos.

Contudo há quem acredite que o ensino de Literatura deve ter como força motriz o deleite da leitura. Nessa perspectiva, muitas vezes o leitor é compreendido como um contemplador da beleza artística, que se apraze com as construções estéticas da linguagem literária e entrega-se a uma experiência de erudição e prazer.

A contemplação remete à prática místico-religiosa de deixar-se estar diante do sagrado em uma vivência íntima, silenciosa e inexpressível do divino. Desse modo, a leitura literária torna-se um contato direto, individual e afetivo (para alguns, inclusive, incomunicável) com as obras literárias, numa experiência que bastaria por si só.

Se podemos falar em fruição estética, é preciso destituí-la de uma concepção passiva e individualista de leitura, na qual ler reduz-se ao desfrute subjetivo e ao prazer singular de fluir e deleitar-se com mundos imaginários. Ademais, a categoria "prazer" não consegue comunicar a amplitude das possibilidades da leitura de obras literárias. Mais do que o prazer, é preciso (tanto no sentido de "ser necessário" quanto no de "ter maior precisão") considerar o gosto pelas afecções e afetividades da leitura literária.

As obras literárias afetam os leitores de diferentes modos ao promover, corporal e mentalmente, a experiência estética da alegria, da euforia, da surpresa, da empatia, da admiração, da ternura, da nostalgia, da tristeza, do tédio, da dor, do medo, da comoção, da raiva, da indignação, da aversão etc. A própria BNCC do Ensino Médio enfatiza reiteradamente a questão da fruição estética no campo artístico-literário, porém sem definir, em momento algum do documento, o que se compreende por fruição estética, como se o termo fosse autoevidente.

Em nossa perspectiva, na escola, a leitura literária precisa objetivar mais do que um deleite que se encerra em si mesmo do que uma experiência subjetiva de prazer. O objetivo que propomos para a leitura literária no âmbito escolar é que ela seja uma produção dialógica de conhecimentos a partir da construção e do compartilhamento de sentidos. Tal proposta justifica a presença da literatura no currículo escolar, uma vez que a escola é uma instituição social promovedora e produtora de conhecimentos.

Se no processo de ensino-aprendizagem reduzirmos a leitura de obras literárias apenas ao desfrute subjetivo, sem outros propósitos, corremos o risco de abandonarmos a função pedagógica da nossa prática profissional porque o prazer, inclusive o prazer da leitura, não é ensinável formalmente, por não ser uma deliberação voluntária, e, sim, algo que acontece em nós. O prazer não pode ser o único objetivo das práticas pedagógicas de letramento literário na sala de aula, o que não significa que o prazer da leitura não possa estar presente no processo de ensino-aprendizagem – e é bom que esteja.

As afetividades têm a sua importância para o processo educacional e isso é inegável, embora seja imprescindível admitir que a experiência da afetividade não seja o objetivo principal e a centralidade da prática pedagógica. As afetividades acontecem em nós no processo de interação, seja entre seres humanos, seja entre o ser humano e objetos, espaços, seres vivos, práticas discursivas etc. Desse modo, assumir uma perspectiva educacional com base na interação não implica a anulação da dimensão afetiva, mas a compreensão de que as afetividades e as afecções são um resultado involuntário das interações.

Conforme adverte Magda Soares (2011, p. 24, grifo no original),

> [...] jamais a leitura de livros no contexto escolar, seja ela imposta ou solicitada ou sugerida pelo professor, seja o livro a ser lido indicado pelo professor ou escolhido pelo aluno, jamais ela será aquele "ler para ler" que caracteriza essencialmente a leitura por lazer, por prazer, que se faz fora das paredes da escola, se se quer fazer e *quando* se quer fazer.

É preciso reconhecer que há diversas práticas de leitura literária, com diferentes objetivos, em diferentes contextos sociais. Dessa forma, tentar reproduzir na escola a leitura que realizamos no conforto de nossas casas, por lazer, é um equívoco contextual.

Ademais, conforme afirma Jorge Coli (1995, p. 117),

> [...] quando julgamos um objeto artístico dizendo "gosto" ou "não gosto", mesmo que acreditemos manifestar uma opinião "livre", estamos na realidade sendo determinados por todos os instrumentos que possuímos para manter relações com

a cultura que nos rodeia. "Gostar" ou "não gostar" não significa possuir uma "sensibilidade inata" ou ser capaz de uma "fruição espontânea" – significa uma reação do complexo de elementos culturais que estão dentro de nós diante do complexo cultural que está fora de nós, isto é, a obra de arte.

É na cultura e, portanto, na interação social, que se constitui o nosso gosto literário, e não puramente numa experiência subjetiva, autônoma e fechada em si mesma.

Pode-se supor, inicialmente, que o prazer é o fator decisivo para incentivar os estudantes a lerem obras literárias porque o prazer despertaria o gosto e, consequentemente, a continuidade da prática de leitura. No entanto, segundo Tereza Colomer (2007, p. 106), "pode-se afirmar, cada vez com maior segurança e de maneira cada vez mais pormenorizada, que a leitura compartilhada é a base da formação de leitores", de maneira que "falar sobre livros com pessoas que nos rodeiam é o fator que mais se relaciona com a permanência de hábitos de leitura, o que parece ser uma das dimensões mais efetivas nas atividades de estímulo à leitura" (Colomer, 2007, p. 143).

Somos seres sociais e, como tais, o pertencimento a uma comunidade de leitores na qual podemos dialogar sobre as obras literárias que lemos mostra-se primordial no processo contínuo de letramento literário, inclusive para além da escola. A interação dialógica afeta-nos, engaja-nos e mobiliza-nos a experienciar a literatura em nossa vida de modo compartilhado e significativo.

No livro *Práticas escolares de letramento literário: sugestões para leitura literária e produção textual*[4], de nossa autoria, pro-

---

4 No referido livro há um conjunto de sugestões práticas que auxiliam os/as professores/as e demais profissionais da Educação no processo de letramento lite-

pomos uma sistematização para o letramento literário em sala de aula que se constitui de três momentos, a saber: a Palavra Acolhida, a Palavra Compartilhada e a Palavra Criada:

(i) *Palavra Acolhida*: trata-se de efetivar a primeira dimensão da leitura, na qual o contato inicial com a obra literária proporciona o acolhimento do universo literário que se apresenta na leitura. Os leitores hospedam a palavra literária em si e entre si para serem afetados por ela, sobretudo com relação às questões que surgem nessa primeira interação com a obra literária. A Palavra Acolhida pode começar com um momento de motivação, que objetiva preparar os estudantes para a leitura acolhedora da obra literária, a partir de dinâmicas de grupo, atividades diagnósticas sobre os conhecimentos prévios dos estudantes, discussões incitadas por uma pergunta desafiadora, análises dos paratextos da obra literária e apreciações de vídeos curtos, músicas, *podcasts*, reportagens, charges, memes, pinturas, fotografias etc.

Para realizar a leitura coletiva da obra literária em sala de aula durante a Palavra Acolhida sugerimos quatro procedimentos:

(a) *Leitura protocolada (ou pausa protocolada)*: a leitura da obra literária realiza-se com pausas, isto é, o/a professor/a lê uma parte da obra e faz uma interrupção com a finalidade de colocar algumas perguntas que motivem os estudantes a fazerem previsões sobre o texto literário, a levantarem hipóteses, a verificarem se as suposições feitas em pausas anteriores se

---

rário escolar, tanto em sala de aula quanto em outros espaços da escola, como a biblioteca. Consultar: SILVA, P. R. M. *Práticas escolares de letramento literário*: sugestões para leitura literária e produção textual. Petrópolis: Vozes, 2022.

confirmaram ou não, a colocarem dificuldades de compreensão e interpretação e a indicarem intertextualidades[5].

(b) *Leitura focalizada*: o/a professor/a divide a turma em grupos para realizar a leitura da obra literária e indica um aspecto diferente para cada grupo analisar, o que estabelece um objetivo para a leitura. Por exemplo, um grupo fica responsável por ler a obra com o objetivo de analisar a questão do narrador; outro grupo, a dimensão social etc. Em seguida, com toda a turma, faz-se uma roda de conversa sobre o texto, de maneira que cada grupo contribua na discussão com as observações feitas anteriormente. Acreditamos que esse procedimento de leitura motive a participação dos estudantes porque eles já vão para a roda de conversa com algo preparado para dizer.

(c) *Leitura relacionada*: a turma é dividida em grupos e cada um recebe uma coletânea de textos para lê-los conjuntamente, com o objetivo de relacioná-los, uma vez que a relação é um aspecto fundamental da elaboração de sentidos. A coletânea pode ser formada por: (i) apenas textos literários; (ii) texto(s) literário(s) de uma mesma obra e os paratextos que constituem essa obra literária; (iii) texto(s) literário(s) e textos verbais pertencentes a outros campos da atividade humana (por exemplo, reportagens, artigos de opinião, comentários em redes sociais etc.); (iv) texto(s) literário(s) e textos imagéticos e multimodais (por exemplo, pinturas, fotografias, memes, charges, infográficos etc.). Depois, promove-se uma roda de conversa para compartilhar as discussões realizadas nos grupos e repensá-las juntamente a toda a turma.

---

5 A leitura protocolada já é muito conhecida no âmbito do ensino. Embora essa leitura vincule-se mais à concepção cognitivista de leitura do que à concepção sociointeracionista, a qual adotamos em nossas propostas, trata-se de um procedimento de leitura muito interessante para ser utilizada em sala de aula.

(d) *Leitura duplicada*: o principal objetivo deste procedimento é fazer a retomada do texto literário para lê-lo mais de uma vez, o que oportuniza uma leitura mais aprofundada com base em um convívio maior com a obra literária. Em primeiro lugar, o/a professor/a ou um/a estudante lê o texto literário em voz alta para a turma ouvir. Em segundo lugar, o/a professor/a solicita que os estudantes façam oralmente uma paráfrase do texto literário, pergunta sobre as primeiras impressões e as dificuldades de leitura dos estudantes e, por fim, traz algumas informações relevantes sobre a obra literária (por exemplo, sobre o vocabulário desconhecido, sobre alguns aspectos formais, sobre relações intertextuais e contextuais). Em terceiro lugar, cada estudante, individualmente, relê o texto literário a partir do que foi discutido anteriormente, anotando suas observações durante a leitura individual. Em quarto lugar, em uma roda de conversa, os estudantes compartilham a experiência de ler a obra literária pela primeira vez e, depois, pela segunda vez, sobretudo quanto à construção de sentidos.

Vale enfatizar que o movimento da leitura duplicada vai do coletivo para o individual e nunca do individual para o coletivo. Se seguirmos essa ordenação processual, os estudantes estarão mais preparados para lerem a obra literária individualmente depois de a terem discutido coletivamente porque já terão estabelecido uma interação inicial com ela.

(ii) *Palavra Compartilhada*: é o momento da construção e do compartilhamento coletivo de sentidos para a obra literária por meio de uma roda de conversa sob a mediação do/a professor/a. Com base na fala e na escuta estabelece-se um processo de busca, de questionamento, de análise, de discordância, de reformulação, em que o objetivo não é defender uma verdade, mas argumentar para pensar com o outro. Para tanto, o estabelecimento de relações intratextuais, contextuais e intertextuais, a elaboração de perguntas por parte dos estudantes e a produção de uma nuvem de palavras, um campo associativo ou um mapa conceitual são procedimentos didáticos muito recomendáveis para o desenvolvimento dialógico dessa etapa.

Segundo a BNCC do Ensino Médio, "no campo *artístico-literário* busca-se a ampliação do contato e a análise mais fundamentada de manifestações culturais e artísticas em geral" (Brasil, 2017, p. 495, grifo no original). Enquanto o momento da Palavra Acolhida privilegia o contato mais direto com as obras literárias, mobilizando afetos e afecções, pensamentos e percepções, a Palavra Compartilhada oportuniza a problematização, a reflexão e a análise com base em argumentos, as quais são realizadas coletivamente, retomando a obra literária constantemente na discussão, por meio da indicação de trechos que possam justificar os sentidos propostos para a obra.

(iii) *Palavra Criada*: para trabalharmos a potência criativa e criadora dos estudantes propomos que o processo de ensino-aprendizagem resulte em uma produção textual. Não apenas em termos da escrita literária de contos, crônicas, poemas etc., mas também da reelaboração de obras literárias e da produção textual (em diferentes modalidades de linguagem) de gêneros não pertencentes ao âmbito literário que possam dar continuidade à discussão e à compreensão da obra literária que está sendo trabalhada em sala de aula.

Nesse momento é importante oportunizar certa liberdade aos estudantes para que eles possam decidir sobre o seu processo criativo, o que precisa ser acompanhado de uma proposta de produção textual bem definida e orientada, para que os estudantes, entre dúvidas e incertezas, que fazem parte de todo processo criativo, não se percam pelo caminho. Ademais, pode-se continuar a desenvolver a dimensão coletiva do letramento literário por meio de produções colaborativas e trabalhos em grupo.

Vale destacar que a sistematização que propomos oferece aos estudantes a oportunidade de tomarem a palavra para assumirem a posição de enunciadores ao longo de todo o processo de ensino-aprendizagem, muito diferente do método tradicional de exposição de conteúdos em que o/a professor/a fala *para* os alunos (e não *com* os alunos) e cada aluno deve apenas ouvir, em silêncio, sentado em sua carteira, e depois, nos exercícios e nas avaliações, reproduzir os conteúdos ouvidos. Em nossa perspectiva, os estudantes participam ativamente do processo de ensino-aprendizagem como sujeitos e seres sociais, *no* e *pelo* uso das linguagens.

No que diz respeito à avaliação da prática pedagógica, é importante que ela seja processual, ao longo de todo o processo de ensino-aprendizagem, como parte integrante dele próprio. Não é recomendável que a avaliação seja apenas um momento isolado ao final, com o objetivo único de aferir, numericamente, o quanto os estudantes conseguem reproduzir do conteúdo trabalhado em sala de aula. Por isso a sistematização que propomos para o letramento literário em sala de aula não tem um momento exclusivo para a avaliação.

Em especial, gostaríamos de destacar três formas de avaliação que os/as professores/as podem utilizar, para além dos métodos tradicionais, que já foram muito difundidas no âmbito dos estudos na área de ensino:

(i) a *avaliação diagnóstica*, utilizada para conhecer os próprios estudantes no início das aulas, para verificar, inicialmente, os conhecimentos que eles trazem consigo de outras experiências educativas e escolares ou para observar o desenvolvimento do processo de ensino-aprendizagem, oportunizando melhor organização e, se necessário, alguns redirecionamentos da prática pedagógica;

(ii) a *autoavaliação*, na qual o/a próprio/a estudante avalia a sua aprendizagem e a sua atuação no processo de ensino-aprendizagem desenvolvido em sua turma, o que contribui para que os estudantes possam aprimorar seu senso de responsabilidade, de autonomia e de autopercepção;

(iii) a *avaliação em pares*, na qual os estudantes avaliam as produções e os produtos de outros colegas, o que possibilita o desenvolvimento da empatia e da percepção do outro e, principalmente, ao ocuparem a posição de avaliadores, os estudantes podem aprender com aqueles que estão avaliando.

Uma sugestão interessante é associar a avaliação diagnóstica com a autoavaliação ou com a avaliação em pares, de modo que os estudantes tenham acesso à avaliação diagnóstica para que ela sirva de referência no processo avaliativo, indicando o desenvolvimento do/a estudante avaliado/a.

Gostaríamos de destacar ainda que, neste livro, iremos atentarmo-nos mais especificamente à produção textual no letramento literário em sala de aula, mas é fundamental não se esquecer de que o momento da Palavra Criada integra uma sistematização, que é precedida pela Palavra Acolhida e pela Palavra Compartilhada. Nesses termos, o momento de produção textual não está separado de momentos de leitura das obras literárias.

2.3 A produção textual na formação de leitores literários

No letramento literário escolar, a formação de leitores literários acaba tendo um destaque maior, uma vez que não é objetivo da escola formar escritores de literatura, embora ela possa contribuir com o amadurecimento do processo criativo dos estudantes que desejam tornar-se escritores. Entretanto é imprescindível que a escrita de textos literários, bem como que as produções textuais em outros campos discursivos, façam parte da formação de leitores literários em sala de aula.

Para Terry Eagleton (2006), a leitura literária é uma reescritura da obra, e, a nosso ver, a leitura remodela a obra literária ao construir novos sentidos para ela, conforme discutido na seção 1.2. Assim também, a produção textual configura-se como uma atividade *de* leitura (da palavra e do mundo), que se realiza *a partir de* leituras. Ainda, constitui-se da elaboração e do compartilhamento de sentidos, partindo de discursos anteriormente estabelecidos no âmbito social. Nesses termos, a leitura e a produção textual não são duas instâncias separadas e opostas; ao contrário, são associadas e complementares, que se integram no processo de ensino-aprendizagem.

Para valermo-nos da perspectiva bakhtiniana de linguagem, compreendemos que a produção textual, no âmbito do letramento literário escolar, é uma ação responsiva dos leitores à obra literária discutida, que dá continuidade ao processo interpretativo, analítico e reflexivo, iniciado no momento da Palavra Compartilhada.

Para o pensador russo, "toda compreensão da fala viva, do enunciado vivo é de natureza ativamente responsiva [...]; toda compreensão é prenhe de resposta, e nessa ou naquela forma a gera obrigatoriamente: o ouvinte se torna falante" (Bakhtin, 2016, p. 25). Compreende-se por resposta "a relação do falante com os enunciados do outro" (Bakhtin, 2016, p. 58), que pode constituir-se a partir de diferentes ações, tais como concordar, questionar, recusar, complementar, basear-se nos enunciados do outro para citá-los ou recriá-los (Bakhtin, 2016).

Nos momentos da Palavra Acolhida e da Palavra Compartilhada, os estudantes assumem uma atitude responsiva em relação à obra literária, ao construírem sentidos coletivamente. Por sua vez, a Palavra Criada é o momento mais sistematizado, para o leitor interagir, de modo criativo, com o universo literário (em toda a potência estética, social, política, cultural e subjetiva da literatura), aprofundando e desenvolvendo ainda mais o seu processo responsivo.

Analisemos a proposta da BNCC do Ensino Médio para a produção textual no âmbito do estudo da literatura. Gostaríamos de destacar um aspecto questionável especificamente sobre a escrita literária no processo de ensino-aprendizagem, segundo a perspectiva do documento.

De acordo com a BNCC, "a escrita literária, por sua vez, ainda que não seja o foco central do componente de Língua Portuguesa, também se mostra rica em *possibilidades expressivas*" (Brasil, 2017, p. 495). E acrescenta:

> O que está em questão nesse tipo de escrita não é informar, ensinar ou simplesmente comunicar. O exercício literário inclui também a função de produzir certos níveis de reconhecimento, empatia e solidariedade e envolve reinventar, questionar e descobrir-se. Sendo assim, ele é uma função importante em termos de elaboração da subjetividade e das inter-relações pessoais. Nesse sentido, o desenvolvimento de textos construídos esteticamente – no âmbito dos mais diferentes gêneros – pode propiciar a exploração de emoções, sentimentos e ideias, que não encontram lugar em outros gêneros não literários e que, por isso, deve ser explorado (2017, p. 495-496).

Ao referir-se à escrita de obras literárias pelos estudantes, a BNCC parece tomar como um dos seus principais fundamentos a concepção de literatura como expressão da subjetividade do autor. Tal conceito surgiu com o Romantismo, no século XIX, e embora faça parte do senso comum, é muito problematizado no âmbito dos estudos literários e porque a literatura, em toda a sua complexidade estético-ideológica, apresenta muitas outras possibilidades que não passam necessariamente pela expressão subjetiva do autor.

A título de exemplificação, a escrita literária pode ser uma forma de criticar aspectos sociais, culturais, históricos, políticos e econômicos, partindo das observações e das reflexões que o/a autor/a faz da sociedade de seu tempo sem necessariamente ter por base as suas próprias vivências. Inclusive, conforme salienta Fábio Lucas (1970), há uma forte tendência da literatura brasileira em assumir uma dimensão de crítica social para denunciar determinadas mazelas sociais, como processos de marginalização e de exclusão de determinados grupos.

Sob muitos aspectos, a concepção que enfatiza a expressão, direta e imediata, da subjetividade autoral na obra literária, desconsidera ou minimiza, no processo criativo da escrita literária, que a matéria poética, narrativa ou dramática é transformada, transfigurada, ressignificada e reelaborada. Assim, não há uma relação de transposição exata das sensações, dos sentimentos, dos pensamentos, da vida íntima do escritor para a obra literária, mesmo naquelas que guardam uma maior proximidade com dados biográficos do autor.

Vale destacar que quando a BNCC trata da escrita literária, juntamente à dimensão expressiva, há também a dimensão de experimentação de recursos formais, conforme podemos observar na habilidade EM13LP53:

> Criar obras autorais, em diferentes gêneros e mídias – mediante seleção e apropriação de recursos textuais e expressivos do repertório artístico –, e/ou produções derivadas (paródias, estilizações, *fanfics*, *fanclipes* etc.), como forma de dialogar crítica e/ou subjetivamente com o texto literário (Brasil, 2017, p. 516, grifos nossos).

Desse modo, o que fica sugerido pelo documento é que as propostas de escrita literária devem ser planejadas para despertar nos estudantes o contato com a sua subjetividade e a atenção às possibilidades de estruturação da linguagem literária e dos gêneros literários. Contudo a escrita literária pode ser bem mais do que isso e atingir outras dimensões, como de crítica social, de encontro com a alteridade, de invenção imaginativa.

Na BNCC há, ainda, uma restrição da produção textual no campo artístico-literário apenas aos gêneros que estão diretamente relacionados à apreciação estética, tais como resenha, *vlog* e *podcast*, bem como à produção e à reelaboração de obras artísticas e literárias. Não se atentou, de modo sistemático, para o diálogo que a literatura pode estabelecer com o campo das práticas de estudo e pesquisa, o campo jornalístico-midiático e o campo de atuação na vida pública, principalmente quanto à produção de gêneros discursivos pertencentes a esses campos, a partir da leitura de obras literárias.

Sob muitos aspectos, os campos da atividade humana, tais como a arte e a literatura, a mídia e o jornalismo, a publicidade, o cotidiano, a escola, o trabalho, a internet, a religião, a ciência, a política e o judiciário, não são instâncias isoladas em si mesmas. Ao contrário, estabelecem diversas interações dialógicas entre si, tanto em termos de influências, apropriações, compartilhamentos, tensões e conflitos quanto em termos de gêneros discursivos de fronteira, como a crônica e o romance-reportagem, que rompem com os limites entre a literatura e o jornalismo para situarem-se numa zona nebulosa entre os dois campos.

Na BNCC há apenas uma rápida menção à utilização de recursos literários em produções textuais vinculadas a outros campos, o que sugere uma "literarização" do texto:

> Esse processo pode até mesmo envolver a quebra intencional de algumas das características estáveis dos gêneros, a hibridização de gêneros ou *o uso de recursos literários em textos ligados a outros cam-*

pos, como forma de provocar efeitos de sentidos diversos na escrita de textos pertencentes aos mais diferentes gêneros discursivos, não apenas os da esfera literária (Brasil, 2017, p. 154).

A produção textual no âmbito do letramento literário escolar pode ter como objetivo mais do que apreciar obras literárias e produzir textos literários para expressar a subjetividade dos estudantes, para experimentar as possibilidades da linguagem literária e para recriar outras obras literárias. A produção textual pode objetivar também a ação responsiva à leitura literária, a interação com outros campos da atividade humana, bem como a construção de um pensamento crítico com relação à sociedade, à cultura e à própria literatura.

2.4 A produção textual em sala de aula

Para Bakhtin (2016, p. 11), "todos os diversos campos da atividade humana estão ligados ao uso da linguagem". Afinal, as linguagens são o espaço onde existimos como sujeitos de ação no mundo. Desse modo, "cada campo de utilização da língua elabora seus *tipos relativamente estáveis* de enunciados, os quais denominamos *gêneros do discurso*" (Bakhtin, 2016, p. 12, grifos no original). Ao constituir-se um campo, as especificidades das ações nesse campo implicam usos também específicos das linguagens, compondo os gêneros discursivos.

No que diz respeito à produção textual no âmbito escolar, os gêneros discursivos precisam ser a centralidade do processo de ensino-aprendizagem, porque trabalhar pedagogicamente com os gêneros é possibilitar, desenvolver e ampliar a participação crítica dos estudantes em determinados campos da atividade humana.

O estudo dos gêneros discursivos prepara para a vida em sociedade ao oportunizar o uso efetivo das linguagens em uma situação específica de interação, considerando quem são os interlocutores, quais os objetivos da interação, qual o suporte que veicula o texto, como as linguagens são utilizadas, qual o contexto social em que se situa a interação.

Como adverte Bakhtin (2016, p. 41), "muitas pessoas que dominam magnificamente uma língua sentem amiúde total impotência em alguns campos da comunicação, justo porque não dominam na prática as formas do gênero desses campos". Apenas o domínio de aspectos gramaticais, sobretudo se estudados por meio da exposição de regras, com exemplificações em frases isoladas, não é suficiente para garantir o desenvolvimento de competências para a interação nos mais diferentes contextos sociais. São fundamentalmente os gêneros discursivos que oportunizam aos estudantes a inserção e a participação nas diversas práticas sociais.

Sob essa perspectiva, a retextualização, ao ser inserida no processo de produção textual em sala de aula, torna-se um procedimento didático muito interessante para o trabalho com os gêneros discursivos. Vale ressaltar que a retextualização não se reduz ao âmbito pedagógico, mas faz parte das diferentes interações que estabelecemos na vida social.

A partir de Marcuschi (2010), podemos compreender a retextualização como o processo de produzir um novo texto a partir da transformação e da recriação de um texto-base, inclusive em outra situação de interação com outros propósitos.

Marcuschi (2010, p. 49) indica alguns exemplos de retextualização na vida social:

> (1) a secretária que anota informações orais do(a) chefe e com elas redige uma carta; (2) o(a) secretário(a) de uma reunião de condomínio (ou qualquer outra) encarregado(a) de fazer a ata da reunião, passando para a escrita um resumo do que foi dito; (3) uma pessoa contando à outra o que acabou de ler no jornal ou na revista.

No âmbito escolar, pelo contraste entre o texto-base e o novo texto, com a retextualização os estudantes podem conscientizar-se de como os interlocutores, os objetivos, os suportes, as modalidades de linguagem, os contextos sociais de produção, de circulação e de recepção influenciam significativamente na produção dos gêneros discursivos e, mais especificamente, no uso das linguagens nos diferentes gêneros. Na passagem de um texto para outro, os estudantes precisam ficar atentos às alterações que serão necessárias realizar, sobretudo no que diz respeito ao uso da(s) linguagem(ns).

Gostaríamos de oferecer algumas orientações de ordem prática para o trabalho pedagógico com a produção textual em sala de aula. Após a leitura da obra literária (Palavra Acolhida e Palavra Compartilhada), para melhor sistematização do processo, propomos que a produção textual (Palavra Criada) seja estabelecida a partir de quatro momentos:

(i) apresentação da proposta de produção textual, com um momento dedicado à reflexão do gênero discursivo solicitado, discutindo não apenas os aspectos linguísticos e composicionais, mas também os objetivos, os interlocutores, o suporte e o contexto social de produção, afinal, é importante não pressupor que os estudantes já tenham domínio total da produção do gênero em questão;

(ii) planejamento e execução da produção textual individualmente ou em grupo;

(iii) o refazimento da produção textual é imprescindível ao processo de ensino-aprendizagem porque oportuniza aos estudantes o amadurecimento em determinadas práticas de uso efetivo das linguagens, com base na possibilidade de refletir sobre a sua produção textual. Trata-se do momento de repensar, revisar, reescrever, reestruturar, com o objetivo de aprimorar a produção textual, o que permite aos estudantes a percepção da produção textual como um processo de elaboração que requer um trabalho atencioso com as linguagens.

(iv) Apresentação do produto final, que pode ser exposto apenas para a turma em sala de aula, ou circular nas redes sociais, ou afixado em murais da escola, ou, ainda, integrar um evento promovido para toda a comunidade escolar, como uma exposição, um festival literário, uma feira do livro, um café literário, um concurso literário, uma mesa-redonda, um sarau etc.

Segundo Lílian Maria Ghiuro Passareli (2012, p. 59), "por enfatizar o texto como produto, a escola não leva em conta a questão processual". A sistematização citada visa justamente estabelecer práticas pedagógicas com as quais os estudantes conscientizem-se de que toda produção textual é um processo, que não se realiza apenas em uma única etapa, mas que demanda, sobretudo, reavaliação, revisão e reelaboração.

A seguir, apresentamos algumas sugestões pontuais que podem potencializar o processo de ensino-aprendizagem da produção textual:

(i) é recomendável que os estudantes possam deslocar-se da situação mais imediata da prática pedagógica, isto é, que não se restrinjam a sempre se colocarem como um/a estudante que cumpre uma atividade escolar para entregar ao/à professor/a a fim de receber uma nota. O que propomos é que os estudantes possam assumir uma posição enunciativa determinada e especificada pelo gênero discursivo a ser produzido, de maneira que eles notem o modo como a linguagem precisa ser utilizada naquela situação de interação específica;

(ii) sempre que possível, planeje a atividade de produção textual para que o produto final tenha circulação entre leitores ou espectadores reais, por meio, por exemplo, da publicação em redes sociais, sites etc. Ou, então, para que os estudantes participem ativamente de uma situação real de interação, por exemplo, eventos promovidos pela própria escola, como festivais, exposições, debates, mesas-redondas, cafés literários, concursos literários, saraus etc.;

(iii) faça um roteiro para apresentar a proposta de produção textual de modo mais detalhado. Esse roteiro pode indicar os objetivos da proposta, dar orientações metodológicas para a execução da atividade (a fim de ajudar os estudantes a organizarem o processo de construção do produto final), indicar programas e plataformas digitais que podem ser utilizados, oferecer informações sobre data de entrega, pontuação, critérios avaliativos e forma de apresentação do produto final. Entretanto vale enfatizar que não é indicado que o roteiro tenha um caráter normativo, que entrega aos estudantes fórmulas e modelos/moldes[6] prontos e acabados, para serem apenas seguidos e reproduzidos rigorosamente. Ao contrário, é importante que o roteiro possa oferecer orientações, sugestões e referências para que os estudantes possam fazer da produção textual um espaço de experimentação;

(iv) o enunciado que apresenta a produção textual para os estudantes precisa estruturar-se de maneira a construir, ainda que hipoteticamente, uma situação de interação. Para tanto, o/a professor/a deve informar qual gênero discursivo será produzido, quem são os possíveis interlocutores para quem os estudantes direcionam-se, quais os objetivos, as finalidades e os interesses que devem ser assumidos pelos estudantes, qual o suporte que veicularia o texto e em qual contexto social precisam situar a produção textual;

(v) em caso de solicitar-se um texto digitado, é importante definir no roteiro a formatação do texto e, inclusive, trabalhar com os estudantes como se faz essa formatação em um programa de edição de texto. Sugerimos que a formatação seja: fonte *Times New Roman*, tamanho 12, espaçamento antes e depois 0 e espaçamento entre as linhas de 1,5, alinhamento justificado, margens superior e esquerda de 3cm e inferior e direita de 2cm;

(vi) as produções textuais são uma boa oportunidade para desenvolver-se projetos interdisciplinares, os quais enri-

---

6 Conforme afirma Lílian Maria Ghiuro Passarelli, "não se trata aqui de radicalizar, rechaçando os modelos do ensino do texto escrito. O problema é o modo da prática escolar, visto que, em geral, o professor quer levar os estudantes a escrever exatamente como ele ensinou. [...] Não há por que desconsiderar o modelo desde que ele não seja um molde ou forma e que dê espaço à criação" (2012, p. 55-56).

quecem muito o processo de ensino-aprendizagem. Para tanto é preciso considerar que a integração dialógica entre pessoas é a base fundamental para efetivamente integrar-se disciplinas e saberes, uma vez que a interação é, por excelência, o espaço em que a educação acontece;

(vii) o uso das tecnologias digitais de informação e comunicação nas produções textuais no âmbito escolar pode aumentar as possibilidades de produção, circulação e recepção dos textos produzidos. Nesses termos, não se trata apenas de utilizar os programas e as plataformas digitais como recursos didáticos, mas também de produzir gêneros discursivos pertencentes ao campo digital e de disponibilizar as produções textuais em espaços digitais de interação. Em outras palavras, não é apenas produzir com o auxílio do digital, mas também produzir para o digital;

(viii) nas propostas de produção textual, é importante considerar o trabalho com a multimodalidade da linguagem, explorando, em uma mesma produção textual, a interação entre as diferentes modalidades de linguagem, tais como a escrita, a oralidade, a imagem, o audiovisual etc. Vale enfatizar que na vida social, o uso efetivo das linguagens não se dá de forma segmentada e isolada, mas de forma interativa.

Sabemos que o trabalho pedagógico com a produção textual na educação básica é um verdadeiro desafio a ser enfrentado. E é lamentável que, muitas vezes, os/as professores/as dessa etapa sejam tão individualmente responsabilizados por práticas que se mostram pouco efetivas na formação dos estudantes. Culpabiliza-se o indivíduo-professor/a, compreendendo o problema apenas nos limites da ação individual, sem atentar-se que a sala de aula é transpassada por muitos discursos, valores, ações e instituições sociais que não estão diretamente presentes no espaço físico da sala de aula, mas que constituem uma rede de relações de poder que pautam o trabalho docente.

É preciso considerar que os/as professores/as, como o profissional responsável pelo processo de ensino-aprendizagem em sala de aula, fazem escolhas e podem ser responsabilizados por elas. Mas as (precárias) condições de trabalho, a (falta de) infraestrutura da escola, as hierarquias administrativas e suas burocracias, as determinações políticas das Secretarias de Educação e do Ministério da Educação são aspectos que influenciam as escolhas e as ações dos/as professores/as, potencializando ou limitando as alternativas e as possibilidades do trabalho pedagógico. Por isso não estamos aqui para apontar o certo e o errado com relação ao que acontece em sala de aula, mas para apoiar os/as professores/as da educação básica que apostam numa educação transformadora.

A seguir, na parte II, intitulada *A Palavra Criada*, apresentaremos um conjunto de propostas de produção textual que foram organizadas com base na posição enunciativa que os estudantes devem assumir. Destacamos, ainda, o enfoque no trabalho pedagógico com os gêneros discursivos, bem como a preferência por práticas pedagógicas que trabalhem com a criatividade e a reflexão dos estudantes do que com a reprodução das obras literárias.

PARTE II
A palavra criada

1
Na posição de leitor-estudante

1.1 Diário de leitura

O diário de leitura é um gênero discursivo que possibilita aos estudantes anotar o seu processo de leitura, sobretudo para obras mais extensas. A cada dia que o/a estudante se dedica à leitura, ele/a registra, nesse diário, seus pensamentos, sentimentos, percepções, comentários, questionamentos, dúvidas, dificuldades de leitura, expectativas quanto ao desenvolvimento da narrativa, do texto dramático ou dos poemas que ainda está por ler.

Vale ressaltar que a datação é um aspecto constitutivo do gênero diário. O/A diarista inicia cada entrada (registro de um dia) com a data do dia em que ele/a está escrevendo. Um diário de leitura possibilita acompanhar um percurso de leitura ao longo do tempo, sendo imprescindível chamar a atenção dos estudantes para a marcação da data.

Além do registro é importante que a produção do diário de leitura oportunize momentos de reflexão sobre a obra literária, de maneira que o/a estudante busque estabelecer relações intratextuais, contextuais e intertextuais, aponte as contribuições da obra para a sua vida, bem como apresente uma argumentação que justifique seus posicionamentos.

Vale ressaltar para os estudantes que a leitura de uma obra literária é enriquecida quando se dedica especial atenção aos paratextos, como o título, a capa, a contracapa, a dedicatória, a epígrafe, o prefácio, o posfácio e as ilustrações. Desse modo, o diário de leitura pode iniciar-se com uma análise dos paratextos, como uma forma de motivação e preparação para a leitura da(s) narrativa(s), dos poemas ou do texto dramático.

Embora seja comum desconsiderá-los, os paratextos podem contribuir significativamente na construção de sentidos, porque trazem informações relevantes sobre a obra e o/a autor/a, assim como podem sugerir caminhos no processo de construção dos sentidos. Ademais, eles podem transformar-se em um espaço de criação estética para alguns autores, como fez Machado de Assis no romance *Memórias póstumas de Brás Cubas*, em que o próprio narrador-personagem Brás Cubas faz uma dedicatória ao primeiro verme que decompôs seu corpo após a sua morte.

Tradicionalmente, o diário de leitura é escrito em um caderno. No entanto, considerando as possibilidades tecnológicas que temos atualmente, é interessante destacar que ele pode ser digital, produzido tanto por meio da escrita como por meio de áudio ou de vídeo, em arquivos e plataformas digitais. Ademais, pode-se elaborar um diário multimodal, com textos escritos, desenhos, fotografias, falas registradas em áudio e/ou vídeo e *hiperlinks*.

1.2 Fichamento

Assim como o diário de leitura, trata-se de uma maneira de o/a estudante registrar e refletir sobre aspectos da sua leitura, principalmente em obras mais extensas, mas nada impede que seja utilizado também para obras mais curtas, como um conto.

O fichamento consiste na seleção e na transcrição literal de pequenas passagens consideradas importantes da obra literária, seguido do comentário de cada trecho, que é escrito em poucas linhas, com um destaque, para que o comentário se diferencie do trecho citado.

O fichamento oportuniza o desenvolvimento da capacidade de síntese ao estabelecer aos estudantes a necessidade de escolher trechos da obra literária e da capacidade de análise ao estabelecer que os trechos selecionados precisam ser comentados criticamente. Tanto a síntese quanto a análise são aspectos importantes a serem considerados no trabalho pedagógico com esse gênero discursivo.

As passagens podem ser escolhidas a partir de motivações do/a próprio/a estudante ou com base em um objetivo estabelecido pelo/a professor/a. Por exemplo, a obra literária será trabalhada em sala de aula baseando-se em uma perspectiva étnico-racial. Então o/a professor/a solicita que os estudantes façam um fichamento dos trechos em que as questões étnico-raciais aparecem. Assim, durante a prática pedagógica em sala de aula, os estudantes podem ter em mãos os fichamentos produzidos para auxiliá-los nas discussões e demais atividades que serão propostas, uma vez que as passagens da obra literária podem ser facilmente retomadas.

A seguir apresentamos um modelo de fichamento que pode ser utilizado como referência:

[SOBRENOME, Nome do autor/a. *Título da obra:* subtítulo. Cidade de publicação: editora, ano de edição].

[página na qual se encontra a passagem transcrita] Ex.: p. 32.

[passagem transcrita]

[comentário]

[e, assim, sucessivamente]

Ficha perguntante de leitura

Tradicionalmente, a ficha de leitura constitui-se de um conjunto de perguntas, formulado pelo/a professor/a, que os estudantes devem responder após a leitura de uma obra literária, normalmente do gênero narrativo. Com o objetivo de motivar a dimensão crítica da leitura, que implica sempre sujeitos que ousam perguntar e questionar, propomos uma ficha perguntante de leitura na qual os estudantes devem elaborar as próprias perguntas durante a leitura da obra literária.

As perguntas podem ser formuladas sobre os seguintes aspectos: (i) dificuldades de compreensão e interpretação; (ii) exercícios de imaginação, por exemplo, sobre como são os espaços presentes na obra literária, como são os personagens ou o sujeito poético física e psicologicamente, o que teria acontecido depois do que foi narrado no fim da história, como seria para o/a estudante se ele/a tivesse vivido o que o personagem ou o sujeito poético viveu; (iii) reflexões e discussões sobre as relações entre a obra literária e as dimensões social, cultural, histórica, política, econômica, existencial e/ou psicológica; (iv) estabelecimento de relações intertextuais; (v) avaliações sobre a opinião do/a estudante sobre a obra literária, apresentando os argumentos que justificam sua opinião.

As respostas às perguntas podem ser elaboradas com base em três procedimentos: (i) o/a próprio/a estudante que formulou as perguntas responde-as individualmente e entrega ao/à professor/a a ficha perguntante de leitura com as perguntas e as respostas; (ii) o/a professor/a recebe as fichas perguntantes de leitura apenas com as perguntas e troca-as entre os estudantes, de maneira que cada um responderá a ficha elaborada por um colega de turma; (iii) os estudantes constroem as fichas perguntantes de leitura apenas com as perguntas e levam para a aula a fim de que as perguntas formuladas sejam discutidas em uma roda de conversa.

É importante determinar que algumas informações sobre a obra literária sejam anotadas na ficha, tais como: nome da obra, nome do autor, ano de publicação da obra literária, editora, gênero literário. Vale informar aos estudantes que o ano que está na ficha catalográfica é o ano de edição do livro, e não o ano de publicação da obra.

A seguir um modelo de ficha perguntante de leitura:

[Nome da escola]

Nome do/a estudante:

Turma:

Nome do/a professor/a:

Ficha perguntante de leitura

Informações gerais sobre a obra literária:

Nome da obra:

Nome do/a autor/a:

Ano de publicação:

Editora:

Gênero literário:

Questionário:

1) [Pergunta]?

[e, assim, sucessivamente]

1.3 Mapa conceitual

O mapa conceitual é uma representação visual que objetiva organizar de modo sistemático os principais aspectos de um conteúdo e suas relações. Dentro de figuras geométricas, como quadrados, retângulos, círculos, elipses etc., escrevem-se tais aspectos em apenas uma palavra, uma expressão ou uma frase curta, conectando as figuras geométricas por meio de linhas ou setas. Desse modo, cria-se uma rede de conexões e associações que permite a visualização do conteúdo de maneira sintética.

Antes da elaboração do mapa conceitual propriamente dita, pode-se iniciar o processo com uma tempestade de ideias, na qual se anotam todas as ideias que vêm à mente, conforme vão surgindo, ainda sem preocupar-se com a ordem ou importância. Em seguida, produz-se o mapa conceitual selecionando, resumindo e sistematizando as ideias anotadas anteriormente.

Vale enfatizar que a concisão e a visualidade são dois aspectos importantes dos mapas conceituais, por isso a utilização de cores e de imagens podem contribuir para tornar o conteúdo e suas relações mais visualmente compreensíveis. Ademais, há aplicativos especializados na produção de mapas conceituais, o que pode otimizar o trabalho de elaboração.

A seguir temos um modelo simples de mapa conceitual, que pode ser reelaborado conforme a necessidade e a criatividade de cada um:

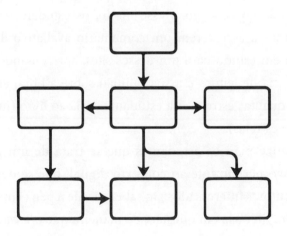

1.4 Lista comentada

O/A professor/a estabelece um aspecto específico da obra literária para ser enumerado na lista. Esse aspecto pode ser de ordem formal (por exemplo, listar todos os personagens, os espaços ou as figuras de linguagem presentes na obra literária), de ordem temática (por exemplo, enumerar todas as partes em que uma determinada temática aparece no texto literário) ou de ordem intertextual (por exemplo, elencar filmes, músicas ou outras obras literárias que possam estabelecer relações intertextuais com a obra literária em estudo).

Abaixo de cada item, os estudantes fazem um comentário, em apenas um parágrafo, de maneira a refletir sobre o elemento listado em sua relação com a totalidade da obra literária.

1.5 Comentário avaliativo em site

Nos sites de compra e venda de livros é comum haver um espaço para que os consumidores possam avaliar as obras disponíveis no catálogo. Desse modo, os estudantes seriam convidados a escreverem um comentário avaliativo da obra literária em estudo para um desses sites, apresentando a sua experiência de leitura e a sua opinião sobre a obra, além de indicar quantas estrelas o/a estudante daria ao livro (máximo de cinco estrelas).

Enfatize para os estudantes que se trata de um gênero discursivo pertencente ao contexto digital, que se destina a interlocutores interessados em saber se vale a pena comprar e ler a obra literária em questão, de maneira que o/a estudante deve ter como objetivo contribuir com a tomada de decisão de seus interlocutores por meio da construção de uma avaliação da obra. Nesses termos, o uso da língua deve estar adequado a essa situação de interação, sobretudo em termos de concisão na extensão do comentário, de escolhas vocabulares e construções sintáticas coerentes com o espaço digital e com o objetivo avaliativo.

Nada impede que essa produção textual seja realizada em um site de compra e venda de livros disponível via internet. A finalidade é que os estudantes, para produzirem seus textos, possam inserir-se em um contexto real (e não simulado) de produção e circulação dos textos. Nesse caso, para facilitar a avaliação, os estudantes podem "printar" o seu comentário no site e enviar digitalmente para o/a professor/a.

1.6 Maquete interpretativa

Não se trata de propor uma maquete que apenas reproduza uma passagem da obra literária. Mais do que transpor a obra literária para outra linguagem, a proposta da maquete interpretativa é que os estudantes construam um sentido para a obra literária que possa materializar-se na tridimensionalidade da maquete. Dessa maneira, o que será representado na maquete não é um trecho da obra literária, mas a interpretação dos estudantes sobre ela. Por exemplo, se o sentido tecido pelos estudantes for que a obra literária discute a questão do machismo, a maquete colocará em cena uma situação que manifesta o machismo em nossa sociedade.

Uma alternativa para motivar a construção da maquete interpretativa é propor que os estudantes imaginem como seria aquela obra literária se ela fosse escrita nos dias atuais, no caso de a obra em questão ter sido produzida em outro momento histórico. Para tanto, eles precisarão fazer o exercício refletivo de observar a realidade contemporânea e relacioná-la com a obra literária em discussão, o que possibilitará a elaboração de um sentido para a obra.

Outra opção é sugerir que os estudantes façam uma maquete sobre uma situação que faz parte da realidade que eles vivenciam e que tenha relação com a obra literária em estudo, o que possibilitará que eles se aproximem mais do universo literário mediante uma identificação entre as suas vivências e a obra.

Um aspecto interessante é incentivar os estudantes a utilizarem materiais recicláveis, o que seria uma boa oportunidade para discutir, também, sobre a *trash art*, uma tendência da arte contemporânea de transformar o que seria descartado no lixo em arte. Para tanto, o documentário *Lixo extraordinário*, sob a direção de Lucy Walker, pode contribuir muito com a reflexão em sala de aula. Ademais, pode-se inserir essa proposta no âmbito de um projeto interdisciplinar com as disciplinas de Artes, Geografia, Filosofia e Biologia, por exemplo.

1.7 Acróstico

Com o título da obra literária, os estudantes farão um acróstico para comunicar a sua própria percepção sobre a experiência de leitura. Ou, então, com o nome de um personagem, expressarão a sua avaliação crítica sobre os aspectos que caracterizam esse personagem.

No acróstico, o título da obra literária ou o nome do personagem será escrito em letra maiúscula e na vertical, de modo que cada letra ocupe uma linha. Na horizontal, os estudantes escreverão uma palavra, uma expressão ou uma frase curta referente a sua percepção crítica, utilizando a letra do título da obra literária ou do nome do personagem já disposta naquela linha, como letra inicial, intermediária ou final, para compor a palavra, a expressão ou a frase a ser escrita.

1.8 Verbete de dicionário

Durante o momento da Palavra Compartilhada pode-se fazer uma nuvem de palavras na lousa para destacar as palavras que, durante a discussão, mostram-se muito significativas para a compreensão da obra literária. No momento da Palavra Criada propõe-se que os estudantes escolham uma palavra entre as selecionadas e produzam um verbete de dicionário para definir os sentidos da palavra no texto literário em estudo.

Vale enfatizar a importância de os sentidos enumerados não serem qualquer significado que a palavra possa assumir em língua portuguesa, mas aqueles que são possíveis de serem elaborados na obra literária. Ademais, é fundamental que os estudantes busquem mais de um sentido para a palavra na obra, bem como elaborem sua produção textual de acordo com a organização formal do gênero verbete de dicionário.

Uma alternativa é o/a professor/a propor que a turma produza um dicionário digital de forma colaborativa. Para tanto, divide-se a turma em grupos, distribuindo as palavras que comporão o dicionário entre alguns grupos para que eles produzam os verbetes enquanto um grupo ficará responsável por elaborar o texto de Apresentação e outro grupo pela edição e pela diagramação do dicionário. Há duas opções de suporte: ou o dicionário será veiculado em um arquivo digital ou em um site elaborado pelos próprios estudantes.

1.9 Relato de memória

Propõe-se a construção de um relato de memória a partir de relações entre a literatura e a vida, na medida em que a obra literária oportuniza que seus leitores pensem sobre a vida, mesmo que a literatura não seja a vida propriamente dita ou uma cópia fiel e objetiva dela.

Para tanto, os estudantes devem relacionar a obra literária com a sua própria história de vida, ou com a história da sua família e amigos, ou, ainda, com o testemunho de um acontecimento que o/a estudante presenciou alguém viver, embora ele/a não o tenha vivenciado diretamente.

Nesse relato de memória, os estudantes devem assumir a posição de narradores, com o uso da primeira pessoa, tanto se forem narrar uma história vivida por eles como se forem narrar algo vivido por outra pessoa. Essa produção textual pode ser elaborada por meio da escrita, mas também por meio de vídeo ou roda de conversa.

Para trabalhar a multimodalidade da linguagem pode-se inserir fotografias com legendas no relato de memória produzido de forma escrita ou audiovisual. No caso da modalidade oral da roda de conversa, os estudantes que forem contar histórias de outras pessoas podem levar fotografias (caso as tenha) para que a turma tenha uma referência visual da pessoa.

É fundamental que o/a professor/a faça mediações no processo de ensino-aprendizagem proposto para que os estudantes possam notar que as histórias individuais fazem parte de uma história coletiva, uma vez que os indivíduos se formam e atuam cotidianamente no interior de uma sociedade.

Os relatos de memória não ficam restritos aos âmbitos puramente subjetivo e individual, eles também se constituem em uma dimensão de ordem social, cultural, histórica, política e econômica. Nesse contexto, uma parceria com a disciplina de História pode render bons frutos.

2
Na posição de autor

2.1 Uma orientação geral

Neste capítulo, as propostas de produção textual objetivam a escrita de obras literárias. Desse modo, seria interessante que os textos literários produzidos pelos estudantes ultrapassassem os limites da sala de aula e integrassem eventos, com a participação de toda a comunidade escolar, como um sarau, um *slam*[7], um concurso literário, um café literário, uma roda de leitura, um festival literário, uma feira do livro etc., ou, então, serem expostos em um varal ou mural literário em um determinado espaço da escola. Além disso, os/as professores/as podem valer-se das propostas apresentadas a seguir para oferecer aos estudantes oficinas de criação literária.

---

7 Para compreender melhor o que é um *slam* e suas potencialidades no ambiente escolar leia o texto LUZ, I. G. X. *O que é slam? Poesia, educação e protesto*. Disponível em: **https://profseducacao.com.br/artigos/o-que-e-slam-poesia-educacao-e-protesto/**. Acesso em: 24 out. 2023.

2.2 Poema

Após o estudo morfológico referente à estrutura e à formação de palavras, o/a professor/a leria, com os estudantes, o poema *Neologismo*, de Manuel Bandeira. Em seguida, proporia a eles a criação de um neologismo com base nos conhecimentos morfológicos discutidos a fim de utilizá-lo na escrita de um poema.

Para essa produção textual vale considerar que um poema não precisa necessariamente de rimas, mas caso os estudantes optem por versos rimados, o/a professor/a pode indicar a utilização de um dicionário *on-line* de rimas para facilitar o trabalho criativo de escrita. Ademais, para enriquecer a elaboração estética da sonoridade no poema pode-se estudar as figuras de som, tais como aliteração, assonância e paronomásia, bem como a estrutura de rimas e a metrificação.

2.3 Ode irônica

Ode é um gênero lírico de tom elevado e solene que se constitui como canto de exaltação. No entanto a proposta não é que os estudantes produzam uma ode para enaltecer uma situação, um grupo social ou uma pessoa. Ao contrário, por meio do trabalho estético com a ironia, a sugestão é que os estudantes produzam uma ode com a aparência de louvação, mas que, na verdade, faça críticas incisivas à sociedade.

Podemos observar esse processo criativo no poema *Ode ao burguês*, de Mário de Andrade, e na música *Perfeição*, do Legião Urbana, que podem ser discutidos em sala de aula de maneira a integrar o processo de ensino-aprendizagem.

2.4 Poesia visual

O/A professor/a entrega aos estudantes um envelope com letras, palavras e frases recortadas de diferentes textos, com diferentes cores, fontes e tamanhos. Em seguida, os estudantes constroem com os recortes do envelope um poema visual usando a técnica da bricolagem.

É fundamental que os estudantes saibam que a dimensão visual do poema não pode ser aleatória, que ela precisa contribuir na elaboração de sentidos e, por isso, é importante que seja devidamente planejada. O poema *Psiu*, de Augusto de Campo, é uma referência interessante para se analisarem as potencialidades da bricolagem no âmbito da poesia visual.

2.5 Sátira

O/A professor/a exibe para a turma o documentário *O riso dos outros*, dirigido por Pedro Arantes, a fim de discutir sobre como o humor chama a atenção para o que há de ridículo na sociedade. Em seguida, sugere-se que os estudantes escrevam uma sátira explorando a dimensão de crítica social do humor.

Nessa proposta de produção textual é muito interessante trabalhar com alguns poemas satíricos de Gregório de Matos.

2.6 Literatura de cordel

Os estudantes devem entrevistar uma pessoa idosa e pedir para que ela conte uma história para eles. Pode ser tanto uma história vivida ou presenciada pela pessoa como uma história que ouviu seus pais ou avós contarem. É importante que a entrevista seja gravada para que os estudantes possam retomar esse material posteriormente.

Em seguida, os estudantes produzem um cordel para narrar a história que ouviram. Esse procedimento ressalta os vínculos entre a literatura de cordel e a oralidade, uma vez que a dimensão oral é um aspecto característico desse gênero literário.

Além disso, vale destacar que a literatura de cordel é um poema narrativo de dimensão popular com regularidade no número de versos e na posição das rimas na estrofe e no número de sílabas poéticas nos versos. O cordel apresenta um foco na ação, sem ou com raras descrições ou digressões, de maneira que a narrativa se estrutura em um fluxo ordenado, linear e verossímil. Os folhetos impressos, com 8, 16, 24 ou 32 páginas, com um tamanho de 15cm por 12cm, normalmente apresentam uma xilogravura na capa.

Para resgatar o modo como os folhetos eram inicialmente vendidos, pode-se expor os cordéis produzidos em um varal, presos por prendedores.

2.7 Conto

O/A professor/a solicita que cada estudante, individualmente, produza um parágrafo descritivo, no qual indique as principais características de uma pessoa real, de um personagem fictício de uma determinada produção artístico-cultural ou de um personagem criado pelo/a próprio/a estudante. Em seguida, o/a professor/a pede para que os estudantes se reúnam em grupos e escrevam um conto com os personagens que cada membro do grupo descreveu inicialmente.

Para contribuir com o processo criativo dos estudantes, o/a professor/a pode apresentar alguns motivos narrativos[8] muito comuns nas histórias, como separação/encontro, busca/descoberta, parecer/ser, viagem, traição e acaso, além de dispositivos narrativos, como o jogo de oposição ou de espelhamento entre personagens, a simetria entre a caracterização do ambiente e o estado psicológico do personagem. Vale destacar ainda que a força motriz de toda narrativa é o conflito, a tensão, o problema, a perturbação da ordem e, por isso, é preciso prestar especial atenção a esse aspecto.

Ao final, os estudantes podem fazer uma leitura dramatizada do conto, projetando sua voz da forma como imaginam que seria a voz do personagem e de como ele reagiria à situação narrativa, além de inserir efeitos sonoros ao longo da leitura, como o som de um trovão, um choro, uma porta batendo etc.

2.8 Narrativa policial

O/A professor/a leva para a sala de aula um conjunto de reportagens sobre um crime que tenha sido muito noticiado na mídia, de preferência que ainda se esteja em processo de investigação. Após a leitura das reportagens e a discussão do caso, sugere-se que os estudantes escrevam um conto, estruturado como uma narrativa policial, sobre o crime em questão.

Eles devem basear-se em dados apresentados nas reportagens, mas também podem utilizar a sua imaginação para

---

8 De acordo com Arnaldo Franco Junior (2005, p. 43, grifo no original), "[...] *motivos* são subtemas ligados ao tema e vinculados ao desenvolvimento da história e ao conflito dramático".

preencher certas lacunas que o processo de investigação ainda não conseguiu desvelar.

É imprescindível discutir a estrutura da narrativa policial na qual alguns elementos fundamentais são: personagens, como vítima, suspeitos do crime, criminoso/a, testemunhas/informantes e detetive (que é muito inteligente, detalhista, observador/a e perspicaz); a presença de um enigma sobre quem é o criminoso ou como o crime aconteceu; a descoberta de pistas pelo/a detetive; e um clima de suspense que resulta em um final surpreendente.

Contos como *Os crimes da rua Morgue, O mistério de Maria Roget* e *A carta roubada*, de Edgar Allan Poe, são boas referências para se pensar a narrativa policial. Outra opção são os filmes do investigador Sherlock Holmes, personagem que foi criado pelo escritor britânico Arthur Conan Doyle no século XIX, mas que ganhou as telas do cinema nos séculos XX e XXI.

2.9 História em quadrinhos

Os estudantes produzirão uma história em quadrinhos com personagens de diferentes obras literárias. Nessa proposta, eles devem imaginar como seria o encontro de personagens que pertencem a universos literários diferentes, construindo uma narrativa verossímil, que considere a singularidade de cada personagem. Para selecionar os personagens, os estudantes podem valer-se de seu próprio repertório de leitura ou de um conjunto de obras literárias indicado pelo/a professor/a.

É importante que os estudantes estejam atentos para as interações entre a linguagem verbal e a linguagem visual, assim como para a concisão da fala dos personagens, já que os balões de diálogo não são muito grandes. Não é recomendável haver muitos quadrinhos em uma mesma página (mais ou menos seis quadrinhos) nem muitos balões de diálogo em um mesmo quadrinho (no máximo, três balões de diálogo).

Para enriquecer a expressividade da HQ é bom apresentar aos estudantes os principais tipos de balão de diálogo, como o balão de fala, de pensamento, de grito e de cochicho, além das diferentes onomatopeias. Ademais, para auxiliar na produção da HQ, o/a professor/a pode sugerir programas e plataformas digitais que podem ser utilizados pelos estudantes.

Uma alternativa para essa proposta é que o/a professor/a solicite que os estudantes produzam uma tirinha em vez de uma história em quadrinhos.

2.10 Intencionalidade autoral

O/A professor/a escolhe um gênero literário marcado pela brevidade, como o haicai ou o miniconto. Cada estudante deve escrever o seu texto literário sem mostrá-lo para os demais e assiná-lo com um pseudônimo. Em seguida, em uma roda de conversa, o/a professor/a seleciona um dos textos produzidos e lê para a turma, que coletivamente constrói sentidos para aquele texto literário. O/A autor/a do texto permanece em silêncio durante a discussão. Ao final, o/a professor/a solicita que o/a autor/a manifeste-se e diga qual foi a sua intenção ao escrever o texto. Como trata-se de gêneros breves, vários textos podem ser lidos, repetindo o processo descrito.

O objetivo dessa atividade é que os estudantes notem que os sentidos que os leitores constroem para a obra literária nem sempre coincidem com a intencionalidade do/a autor/a. Essa divergência não é um problema, porque o leitor assume um papel ativo e responsivo no processo de elaboração dos sentidos e, portanto, não se reduz a receber um sentido pronto e acabado, colocado no texto pelo/a autor/a.

2.11 Hibridismo de gênero

Trata-se de produzir um texto literário a partir da mescla de um gênero literário (por exemplo, poema, conto ou crônica) com um gênero de outro campo discursivo (por exemplo, carta, postagem em redes sociais, anúncio, receita culinária, bula de remédio, lista de tarefas a cumprir, currículo, contrato, ata de reunião etc.). A proposta não é apenas inserir um gênero no meio de outro gênero literário, mas romper com as fronteiras entre eles para integrá-los na construção estética da obra literária.

O *Poema tirado de uma notícia de jornal*, de Manuel Bandeira, e o conto *Circuito fechado*, de Ricardo Ramos, exemplificam muito bem o processo criativo que estamos propondo.

2.12 Da imagem à palavra

O/A professor/a seleciona uma imagem para analisar com a turma; por exemplo, uma pintura, uma gravura, uma fotografia ou, então, um vídeo sem a presença de falas. Depois, propõe que os estudantes produzam um poema utilizando alguns elementos da imagem como metáforas.

Para contribuir com a construção da dimensão metafórica, o/a professor/a pode sugerir que os estudantes façam uma chuva de ideias para enumerar os aspectos com os quais o elemento da imagem relaciona-se, o que evidenciará a sua potencialidade metafórica.

Outra alternativa é solicitar que os estudantes escrevam um conto ou uma crônica de modo a construir uma história que, ficcionalmente, aconteça no espaço representado na imagem ou que tenha as pessoas da imagem como personagens.

2.13 Reelaborações de textos literários: algumas propostas

Seguem algumas propostas que buscam reelaborar, retextualizar e reescrever textos literários dos gêneros narrativo, dramático e poético: (i) acrescentar uma dedicatória ou uma epígrafe; (ii) retextualizar a obra literária a partir de uma temática oposta (por exemplo, se o poema é sobre amor, produzir um novo poema sobre ódio partindo daquele sobre amor); (iii) mudar o contexto de produção (por exemplo, como seria um poema de Castro Alves se ele fosse produzido nos dias atuais?); (iv) mudar o contexto de recepção (por exemplo, como seria o conto *O burrinho pedrês*, de Guimarães Rosa, se ele fosse destinado a um público infantil?); (v) retextualizar a obra literária para outro gênero literário (por exemplo, transformar um soneto em um poema visual) ou para um gênero de outro campo discursivo (por exemplo, transformar o texto literário em um meme, uma declaração, um bilhete etc.); (vi) fazer uma paródia do texto literário em questão; (vii) retextualizar a obra literária em outra linguagem artística (por exemplo, transformá-la em minissérie televisiva, *performance*, dança, música, desenho, fotografia, instalação, grafite[9] etc.).

De modo específico, apresentamos algumas sugestões para a reelaboração de textos narrativos e dramáticos: (i) ampliar uma parte do desenvolvimento da história; (ii) modificar seu desfecho; (iii) dar sequência à história a partir do final; (iv) mudar um dos elementos estruturais da narrativa, a saber: narrador, foco narrativo, personagens, ações, tempo e espaço, atentando-se para todas as consequências dessa mudança para a história; (v) acrescentar algum elemento fantástico à narrativa, como objetos mágicos, seres sobrenaturais, viagens no tempo ou lugares fantasiosos, prestando atenção em todas as consequências dessa mudança para a história.

---

9 Nesse caso, para elaborar o grafite os estudantes poderiam usar a lousa e os gizes como se fossem muro e *spray*, respectivamente.

3
Na posição de personagem fictício

3.1 Poema-resposta

Após a leitura de um poema, os estudantes são convidados a escreverem outro poema, a fim de construírem um sujeito poético que responde ao texto literário lido anteriormente. Em outras palavras, eles imaginam que o poema lido foi destinado a uma determinada pessoa ou personagem e, a partir dessa situação de interação, produzem um poema em resposta ao sujeito poético do texto literário que foi lido inicialmente.

Uma opção é que o sujeito poético do poema a ser produzido seja os próprios estudantes. Mas pode ser um exercício criativo interessante estabelecer certa distância entre o sujeito poético e os estudantes, o que os levaria a afastarem-se de si para poderem imaginar como determinada pessoa ou personagem receberia o poema lido anteriormente.

Caso já haja um interlocutor explícito no poema lido, considera-se esse interlocutor na produção do poema. Do contrário, o interlocutor pode ser uma pessoa real, um personagem imaginado pelos estudantes ou um personagem já existente no universo artístico-literário.

3.2 Cartão de Dia dos Namorados

Após a leitura de um poema de amor ou de uma história de amor, os estudantes imaginam que eles são a pessoa amada da obra literária. Assumindo essa posição, os estudantes devem produzir um cartão de Dia dos Namorados para o sujeito poético ou para o protagonista da história, considerando os aspectos do relacionamento amoroso que estão presentes na obra. Como trata-se de um cartão, é interessante destacar para os estudantes que é importante planejar bem não apenas o texto escrito, mas também toda a elaboração gráfica e visual.

3.3 Intruso na obra literária

Os estudantes reescreverão a obra literária de maneira a inserirem-se como personagens da narrativa ou do texto dramático. O objetivo central é que eles imaginem como seria se existissem naquele universo literário: quais ações eles praticariam em determinados contextos, como seriam as interações que eles estabeleceriam com os outros personagens, por quais espaços da história circulariam, quais alterações a sua presença poderia promover no desenvolvimento e no desfecho da história.

3.4 Fofoca

A partir de suas observações durante a leitura da obra literária, os estudantes inventarão uma fofoca sobre um personagem. Como trata-se de uma fofoca, a informação que será comentada não pode estar explícita no texto literário, mas precisa ser imaginada a partir de alguns indícios presentes na obra.

É importante que a fofoca seja contada como se o/a estudante vivesse no referido universo literário, como personagem fictício, e estivesse em interação com outro personagem, para quem revela as informações maledicentes.

Ademais, como a narrativa é movida por conflito dramático, é recomendável que a fofoca motive intrigas, intensifique tensões e cause problemas aos personagens. Desse modo, pode-se discutir oralmente, em uma roda de conversa, como cada fofoca poderia alterar os rumos da história.

Outra opção é solicitar que os estudantes recontem por escrito a narrativa ou o texto dramático inserindo a fofoca que produziram na história, de maneira a estarem atentos para as transformações que a fofoca poderia promover.

3.5 Bilhete anônimo

Os estudantes podem escrever um bilhete anônimo para um personagem ou para o sujeito poético da obra literária em estudo. Como trata-se de um bilhete anônimo, eles podem colocar-se na posição de um admirador secreto, que revela sua afeição e simpatia pelo personagem ou pelo sujeito poético, ou na posição de um informante, que busca passar informações sigilosas e confidenciais.

3.6 Diálogo

Os estudantes ficcionalizarão um diálogo com um ou mais personagens, com o/a narrador/a, com o sujeito poético ou com o/a autor/a da obra literária, produzindo um dos seguintes gêneros: e-mail, carta, mensagens instantâneas de aplicativo, telefonema, conversa informal ou entrevista (para um jornal, uma revista, um programa de televisão ou um *podcast*).

No caso do e-mail e da carta, gêneros fundamentalmente escritos, é recomendável dividir a atividade em dois momentos para que haja a possibilidade da resposta: (i) primeiro, os estudantes, assumindo a sua própria identidade, escrevem para a *persona* literária; (ii) em seguida, os estudantes, supondo serem a *persona literária*, respondem à carta ou ao e-mail escrito por outro/a colega.

No que se refere às mensagens instantâneas de aplicativo, o/a professor/a precisa chamar a atenção dos estudantes para a multimodalidade da linguagem nesse contexto de interação. É possível que a produção textual tenha como suporte uma folha, impressa ou manuscrita, mas seria mais interessante propô-la em um suporte digital, inclusive para que os estudantes possam explorar melhor as possibilidades do uso das linguagens no digital.

Já o telefonema e a conversa informal, por serem gêneros da oralidade, podem ser produzidos por uma encenação presencial ou pela gravação de um áudio ou de um vídeo, e a entrevista pode ser elaborada tanto por meio da escrita quanto por uma encenação presencial ou pela gravação de um áudio ou de um vídeo.

Como se trata de uma ficcionalização, os estudantes podem inventar algumas informações, mas é fundamental que elas sejam coerentes com a obra literária ou com a biografia do autor. Inclusive, o diálogo com o/a autor/a pode ser um modo de propor que eles estudem um pouco mais a vida do/a escritor/a.

Uma alternativa para essa proposta de produção textual é promover um processo de retextualização, sobretudo que permita a passagem de um gênero oral para um gênero escrito, como do telefonema para o e-mail, ou de um gênero escrito para um gênero oral, como de uma entrevista publicada em uma revista para uma conversa informal. Para tanto, é fundamental que o/a professor/a discuta com os estudantes as mudanças e as permanências que ocorrem nas produções textuais devido à retextualização.

3.7 Consulta de cartomancia

Os estudantes devem imaginar que são um/a cartomante e que um dos personagens da história foi consultar as cartas para saber sobre o seu futuro. Nesses termos, a produção textual será a previsão do futuro feita durante a consulta de cartomancia, considerando as orientações e os conselhos que seriam dados a partir dessa adivinhação do futuro do personagem. A previsão precisa ser coerente com a obra literária, o que não significa que não possa ser surpreendente e redirecionar a história.

3.8 Notícia sensacionalista

Os estudantes devem supor que são um/a jornalista que participa do universo literário da obra em estudo. Assumindo essa posição, eles produzirão uma notícia sensacionalista sobre alguma ação ou aspecto da obra, considerando que a notícia circularia no referido universo literário.

Para tanto, vale destacar aos estudantes que as notícias sensacionalistas se caracterizam por: (i) exagero na transmissão dos fatos e, por isso, há o uso de hipérboles; (ii) manipulação, distorção, omissão e/ou invenção de fatos; (iii) foco em aspectos dramáticos e polêmicos; (iv) busca por provocar no leitor um efeito de choque; (v) apelo emocional.

Ainda, o primeiro contato dos leitores com a notícia dá-se por meio da manchete e da imagem ilustrativa. Por isso os jornalistas têm especial atenção a esses pontos.

4
Na posição de crítico literário

4.1 Seminário argumentativo

É comum a prática de seminários nas escolas, porém, de modo geral, o seminário, no âmbito escolar, tem um caráter expositivo, ao constituir-se da apresentação de um conteúdo designado pelo/a professor/a.

Nossa proposta é que o seminário seja organizado em termos argumentativos. Desse modo, o que está em questão é um estudo analítico de um aspecto específico da obra literária em estudo. Trata-se de defender uma tese sobre a obra, que deve ser fundamentada pela construção racional de argumentos e demonstrada por meio de comentários críticos de alguns trechos.

Em vez de fazer um panorama sobre as principais características estético-ideológicas da obra literária, o grupo escolherá apenas um aspecto, bem específico, para analisá-lo detidamente e com fundamentação. Nesses termos, é imprescindível orientar os estudantes para que consultem e citem referências bibliográficas adequadas e confiáveis, sem que haja plágio no trabalho. Para tanto, é preciso ensiná-los a fazer pesquisa, sobretudo nos sites de busca, e a citar, no trabalho, as referências bibliográficas pesquisadas, não tomando como pressuposto que eles já tenham conhecimento sobre isso.

Para o estabelecimento da tese a ser defendida, o/a professor/a pode orientar os estudantes a selecionarem um determinado aspecto de ordem social, cultural, histórica, política, econômica, psicológica ou existencial, bem como um conhecimento específico de outra disciplina que puderam observar na leitura da obra literária. Em seguida, eles analisam minuciosamente como o aspecto selecionado está presente na obra. Outra opção é, após a leitura da obra, elegerem outra obra literária ou artística e analisarem as relações entre elas.

Como trata-se de uma apresentação oral, é uma boa oportunidade para orientar os estudantes quanto à postura corporal, ao volume da voz e ao uso da oralidade em contextos formais. Vale, também, combinar com os estudantes uma estruturação da apresentação do seminário da seguinte forma: (i) cumprimento aos demais colegas; (ii) breve resumo do trabalho; (iii) apresentação do trabalho; (iv) agradecimento aos demais colegas.

Vale lembrar que a etapa (iii) de apresentação do trabalho precisa constituir-se de introdução, de desenvolvimento e de conclusão. É importante, ainda, indicar um tempo máximo para cada grupo para haver melhor organização do seminário.

Caso haja a utilização de *slides*, o/a professor/a pode dar algumas instruções, como: (i) o *slide* é um material de apoio, logo, não é aconselhável que o seminário reduza-se à sua leitura, sem que comentários sejam feitos, porque o mais importante não é o *slide*, mas a apresentação oral, que é orientada por esse recurso; (ii) não colocar textos muito longos, apenas frases curtas e/ou palavras-chave; (iii) caso seja indispensável a utilização de um texto mais longo, uma sugestão é disponibilizá-lo gradualmente em diferentes *slides*; (iv) é muito positiva a utilização de imagens que potencializam o conteúdo a ser comunicado; (v) as palavras precisam ser legíveis, por isso vale o cuidado com a fonte, o tamanho, a cor e o contraste da letra com o fundo (a melhor opção é usar letra escura em um fundo claro); (vi) se utilizar uma imagem como fundo e o texto ficar ilegível, uma alternativa é colocar borda e preenchimento na caixa de texto para aumentar o contraste; (vii) em termos de elaboração estética, uma apresentação de *slides* simples, com uma identidade visual, é mais eficiente do que uma que exagere nas cores e nos efeitos; (viii) não exagerar na quantidade de *slides*. Para tanto, considerar para cada *slide* um tempo de dois a três minutos para apresentá-lo, isto é, se o tempo máximo para o seminário é de vinte minutos, a apresentação deve ter entre seis e dez *slides*, desconsiderando a capa e as referências bibliográficas; (ix) não colocar *slides* que não serão discutidos e comentados.

Uma alternativa é que os seminários sejam apresentados em um evento promovido para toda a comunidade escolar, como um momento de discussão sobre obras literárias. O evento pode ser organizado juntamente a outras turmas e a outras disciplinas, com uma programação diversificada, incluindo apresentações de trabalhos, atividades culturais e artísticas, debates, palestras, oficinas, minicursos etc.

4.2 Resumo de apresentação de trabalho

Os estudantes supõem que são críticos literários e que foram convidados para participarem de um importante congresso na área dos estudos literários. Juntamente a outros críticos literários, eles vão compor uma mesa-redonda, na qual apresentarão um trabalho sobre a obra em estudo. A comissão organizadora do evento solicitou que fosse enviado um resumo do trabalho que será apresentado no congresso. Assim, os estudantes produzirão o resumo de acordo com essa situação de interação.

Esse resumo deve ter entre 300 e 500 palavras, ser escrito em um único parágrafo, sem citações diretas de bibliografias[10], preferencialmente na 3ª pessoa ou na 1ª pessoa do plural. O resumo apresenta, de modo conciso e preciso, a tese que será defendida no trabalho e os argumentos que a sustentam, bem como os objetivos e as conclusões do estudo. Em termos estruturais, é formado pelos seguintes elementos: título, nome do/a autor/a, texto e palavras-chave.

Uma alternativa de situação de interação é o/a professor/a propor para os estudantes um seminário argumentativo, conforme sugerido anteriormente, e solicitar que eles produzam um resumo do trabalho que apresentarão.

A seguir sugerimos um modelo de resumo de apresentação de trabalho:

---

10 Em outras palavras, citação direta de bibliografia trata-se de citar uma parte de um texto que serve como referencial teórico para o trabalho.

> **[TÍTULO DO TRABALHO]**
>
> [Nome do/a autor/a SOBRENOME]
>
> Ex.: Paulo Ricardo Moura da SILVA
>
> [texto do resumo do trabalho que será apresentado, segundo as orientações que nós indicamos]
>
> **Palavras-chave**: palavra 1; palavra 2; palavra 3.

4.3 *Podcast* de divulgação científica

Os estudantes lerão um artigo científico sobre a obra literária que estão estudando em sala de aula. Após a leitura, farão um *podcast* para divulgar a análise da obra feita pelo crítico literário, apresentando os principais aspectos discutidos no artigo. Como trata-se de divulgação científica, é imprescindível que os estudantes adotem estratégias para produzir um conteúdo acessível e interessante para os espectadores.

Antes da gravação do *podcast* é importante fazer um roteiro para orientar a discussão e ensaiar a interação entre os participantes. Vale destacar que o *podcast* não é apenas a leitura do roteiro, é importante que haja certo tom de espontaneidade e de conversa. Durante a gravação é bom escolher um local sem barulho, onde os estudantes não serão incomodados. Inclusive, pode-se colocar um aviso na porta para que outras pessoas não entrem no espaço. Ademais, após a gravação é imprescindível que se faça a edição do *podcast* por meio de programas e plataformas digitais.

4.4 Resenha

Os estudantes devem considerar a seguinte situação de interação nesta proposta de produção textual: eles são críticos literários e foram convidados pelo editor-chefe de um importante jornal da cidade para publicarem uma resenha sobre a obra literária em estudo.

Eles devem levar em conta que não necessariamente os leitores da resenha que estão produzindo leram a obra literária. Por isso é fundamental apresentar um breve resumo da obra, mas jogando com a curiosidade dos leitores, sem revelar demais, para que a resenha os motive a lerem a obra.

Para além de um mero resumo informativo sobre a obra literária, a resenha exige, também, que os estudantes assumam posicionamentos críticos, explicitem seu ponto de vista, tragam para o texto as suas observações, análises e interpretações, estabeleçam relações intratextuais, intertextuais e contextuais. Nesses termos, há uma dimensão argumentativa na resenha, uma vez que os estudantes precisam apresentar e justificar seus comentários.

Uma alternativa é produzir uma resenha, em vídeo, para ser publicada em uma plataforma digital cujo público-alvo são jovens e adolescentes. Nesse caso, o/a professor/a tem duas opções: (i) trabalhar com os estudantes a resenha escrita ou a resenha audiovisual; (ii) em primeiro lugar, trabalhar a resenha escrita; em segundo lugar, propor uma retextualização da resenha escrita para a resenha audiovisual e, em terceiro lugar, propor uma discussão sobre as diferenças e as semelhanças entre as duas resenhas produzidas.

Propomos que, no caso da alternativa (ii), a ordem seja da resenha escrita para a resenha audiovisual, a fim de que a primeira oriente a elaboração do roteiro que direcionará a segunda.

4.5 Prefácio

Os estudantes supõem que, como críticos literários, foram chamados para contribuírem com o projeto de uma editora que visa publicar a obra literária (que estão estudando em sala de aula) em uma edição especial destinada a jovens leitores. Desse modo, eles foram designados para escrever um breve prefácio para o livro.

No prefácio, eles podem trazer algumas informações sobre o autor, contextualizar a obra literária para o leitor, destacar alguns aspectos característicos dela e, sobretudo, instigar a curiosidade do leitor e oferecer dados importantes para orientar a leitura.

Caso o/a professor/a queira trabalhar um gênero mais curto, a partir da situação de interação apresentada por nós, sugerimos a substituição do prefácio pela orelha do livro ou pela sinopse. Outra possibilidade é considerar a seguinte situação de interação: o/a estudante trabalha para uma livraria que realiza vendas *on-line* de livros e ficou responsável por elaborar um breve texto de apresentação da obra literária a ser publicado no site da livraria com o objetivo de mobilizar o interesse do leitor para comprar o livro.

5
Na posição de membro de equipe editorial

5.1 Algumas orientações gerais

Para as propostas de produção textual deste capítulo é fundamental que o trabalho seja realizado em grupo, de maneira que cada um, a partir de suas habilidades e aptidões, assuma uma função específica no processo editorial, porém entendendo-se como parte de uma coletividade, mais precisamente como membro de uma equipe editorial. Por isso é importante que cada um responsabilize-se pelo todo do trabalho, e não apenas por aquilo que lhe foi designado.

Todas as propostas que se seguem podem ser em formato *e-book* ou revista digital, o que é uma boa oportunidade para a inserção das tecnologias digitais no processo de ensino-aprendizagem. Para tanto, os estudantes podem utilizar programas de edição de texto e de diagramação, ou, então, inserir *hiperlinks* nas obras produzidas. Ademais, com a facilidade das tecnologias digitais de informação e comunicação, as produções podem circular nas redes sociais para que tenham leitores reais. Uma alternativa para disponibilizar as obras produzidas é elaborar uma biblioteca virtual em um programa ou plataforma digital.

É imprescindível ter consciência da importância dos paratextos para a elaboração do livro ou da revista, tais como capa, contracapa, folha de rosto, ficha catalográfica, dedicatória, epígrafe, agradecimentos, sumário, prefácio, posfácio, nota editorial, notas de rodapé explicativas, ilustrações, minibiografia do autor etc.

O projeto gráfico do livro ou da revista também precisa ser esteticamente bem pensado e bem feito, pois a forma como o texto é apresentado ao leitor é um fator relevante. Desse modo, seria interessante que o/a professor/a levasse alguns livros/revistas para a sala de aula a fim de refletir com os estudantes sobre os paratextos e sobre o projeto gráfico, destacando as interações entre as diferentes modalidades de linguagem na elaboração de um livro ou de uma revista.

Para facilitar o acompanhamento do processo de elaboração dos trabalhos, o/a professor/a pode solicitar aos grupos a entrega de um pré-projeto, constituído das seguintes partes: (i) introdução (os estudantes descrevem a situação de interação, as funções assumidas por cada membro do grupo e a proposta de produto final); (ii) objetivos (quais as finalidades e os propósitos do livro ou da revista); (iii) público-alvo (os leitores a quem se destina o livro ou a revista); (iv) metodologia (o *como* será feito, quais etapas serão realizadas na elaboração do produto final); (v) cronograma (quando cada etapa será realizada).

O/A professor/a precisa lembrar os estudantes que o pré-projeto pode sofrer alterações durante a execução, porque ele serve para dar uma direção para o processo de desenvolvimento do produto final. Na hora de pôr o projeto em prática é comum que novas ideias surjam, que problemas não previstos aconteçam e exijam mudanças no que foi pensado inicialmente.

Para finalizar, pode-se fazer um evento de lançamento dos livros ou das revistas produzidas pelos estudantes, com mesas-redondas para discutir as obras e sessões de autógrafos.

5.6 Antologia literária autoral

Os estudantes produzirão textos literários e reunirão os textos de sua autoria em uma antologia literária. É fundamental que haja uma proposta editorial que crie certa unidade entre os textos produzidos. Essa organicidade da antologia pode ser atingida a partir da definição de um único gênero literário para compor o livro (por exemplo, poema, conto, crônica etc.) ou a partir de relações temáticas e/ou formais.

Para além de um livro impresso ou de um *e-book*, a antologia literária pode ser também um *audiobook*, inclusive pensando na acessibilidade da obra para pessoas com deficiência visual.

5.7 Edição de obra em domínio público

Após a discussão de um ou mais textos literários que estão em domínio público, a sugestão é que os estudantes façam a edição dessa(s) obra(s), isto é, que produzam um livro, com todos os paratextos que o compõem, para o(s) texto(s) literário(s) em estudo. Para essa proposta, uma alternativa é trabalhar com a edição de um conto ou uma crônica, ou com uma pequena seleção de contos, crônicas ou poemas, já que os estudantes terão que transcrever o(s) texto(s).

No caso de optar-se pela seleção, vale destacar que não necessariamente os textos precisam ser de um mesmo autor; eles podem ser de um conjunto de autores que pertencem a um mesmo período histórico-literário, grupo social, região etc., além da possibilidade de organizar uma antologia de textos literários com uma mesma temática ou uma mesma proposta estética.

5.8 Revista literária

A proposta é que os estudantes produzam uma revista literária. Um aspecto que a caracteriza é a diversidade de gêneros discursivos que a compõe, como textos literários, editorial, artigo de opinião, carta do leitor, resenha, ensaio, reportagem, notícia, entrevista, charge, quiz. Nesses termos, a revista literária exige um grupo com muitos estudantes e por isso pode ser trabalhada como um projeto a ser desenvolvido por toda a turma, inclusive em parceria com professores/as de outras disciplinas.

Seria muito bom, também, que a revista tivesse um tema para orientar toda a sua elaboração, desde o conteúdo dos textos até o projeto gráfico. Outra opção é reunir textos produzidos por um grupo de estudantes ao longo do ano letivo, de maneira que a revista seja elaborada progressivamente.

5.9 Guia de leitura

O/A professor/a propõe que a turma produza um guia de leitura, isto é, uma obra na qual é indicado um conjunto de autores e de obras para os leitores, como *1001 livros para ler antes de morrer*, de Peter Boxall. Para facilitar a organização do trabalho, sugerimos que a turma seja dividida em grupos e que cada grupo fique responsável por elaborar um capítulo de um escritor ou de uma obra literária.

Os estudantes podem elaborar um guia de leitura intitulado, por exemplo, *10 autores que todo adolescente precisa conhecer*. Nesse caso, em cada capítulo apresenta-se uma breve biografia do autor, suas principais obras literárias, as características do seu projeto literário, trechos de algumas de suas obras e fotografias do autor.

Outra opção é o guia de leitura intitular-se, por exemplo, *10 livros para transformar sua vida*. Nesse caso, em cada capítulo apresenta-se uma breve biografia do autor, a sinopse da obra literária, comentários críticos sobre os aspectos característicos da obra, relações com outras obras literárias, pinturas, músicas e filmes, alguns trechos da obra, fotografias do escritor e imagens da capa do livro.

6
Na posição de jornalista/publicitário

6.1 Reportagem

O/A professor/a propõe que os estudantes produzam uma reportagem com a temática discutida a partir da leitura da obra literária. No intuito de estabelecer um recorte para a temática, o/a professor/a pode definir um contexto específico para direcionar a reportagem, como destacar um aspecto da realidade da escola, do bairro em que o/a estudante vive ou de outro espaço da cidade.

É fundamental que os estudantes produzam informações por meio de entrevistas, questionários e/ou enquetes, bem como que divulguem informações importantes que já foram anteriormente publicadas por jornalistas, pesquisadores ou agentes políticos, com as devidas referências no texto. Desse modo, para escrever uma boa reportagem, os estudantes precisam pesquisar sobre o assunto que noticiarão, o que pode oportunizar um trabalho interdisciplinar.

Na escrita da reportagem, os estudantes podem estruturar o texto com base na técnica da pirâmide invertida, em que as principais informações (O quê? Quem? Como? Quando? Onde? Por quê?) encontram-se logo nos primeiros parágrafos. Pode-se explorar, também, a multimodalidade da linguagem mediante a interação do texto escrito com fotos, infográficos e, no caso de uma web reportagem, a ser publicada em um espaço digital, pode-se inserir também *podcasts*, vídeos curtos e *hiperlinks*.

É imprescindível que os estudantes tragam a voz das pessoas envolvidas no assunto noticiado, principalmente mostrando diferentes pontos de vista sobre a questão. Ademais, o/a professor/a precisa criar uma situação de interação para a produção da reportagem, seja uma situação imaginada, em que os estudantes supõem que são jornalistas que trabalham para um importante jornal de grande circulação, seja uma situação real, em que os estudantes enviarão as reportagens para o jornal da escola ou para o jornal da cidade, ou publicarão suas produções em sites ou redes sociais.

Em vez de escrita, a reportagem pode ser em audiovisual, como se fosse para integrar um telejornal. Nesse caso, o/a professor/a precisa indicar, sobretudo, a abrangência do programa televisivo (local, regional, estadual ou nacional) e o horário de exibição (de manhã, na hora do almoço ou à noite), para que os estudantes compreendam bem a situação de interação.

Seria muito interessante discutir com eles o poder da mídia na sociedade contemporânea e suas vinculações ideológicas, assim como as responsabilidades e as contribuições sociais de um jornalista quando produz uma reportagem. Além disso, é preciso problematizar a ideia de que o jornalismo deve ser objetivo, neutro e imparcial para possibilitar a sua compreensão como espaço de construção de um modo de compreender a realidade factual, ideologicamente orientado.

6.2 Documentário de curta-metragem

Os estudantes produzirão um documentário de curta-metragem para contar a história de uma pessoa, cujos acontecimentos de sua vida tenham relações com a obra literária em estudo. Para tanto é importante passar as seguintes orientações aos estudantes: (i) faça um roteiro para orientar a gravação; (ii) filme a pessoa em suas atividades diárias para que o documentário não se constitua apenas das cenas de uma entrevista; (iii) pode-se entrevistar outras pessoas que conhecem a história de vida que está sendo narrada no documentário; (iv) a história pode ser dividida em capítulos; (v) um narrador pode trazer informações que ajudem os telespectadores a contextualizarem a história; (vi) inclua uma trilha sonora no documentário.

Pode-se organizar uma Mostra de Cinema com os documentários produzidos da qual toda a comunidade escolar possa participar. Para enriquecer a programação da mostra, pode-se promover, por exemplo, rodas de conversa após a exibição dos documentários, palestras sobre a temática em questão, exibição de filmes que dialogam com os documentários produzidos pelos estudantes, oficinas de filmagem cinematográfica e de edição de vídeo, minicursos sobre literatura e jornalismo, bem como sobre literatura e cinema.

6.3 Ensaio fotojornalístico

O fotojornalismo é o trabalho de um jornalista que, por meio da fotografia, registra fatos, situações e pessoas que possam ser de interesse jornalístico. Desse modo, a proposta é que após a leitura da obra literária, os estudantes produzam um ensaio fotojornalístico que objetive informar aspectos de uma determinada realidade que dialogue com a obra.

O/A professor/a pode sugerir que o ensaio fotojornalístico seja constituído das seguintes partes: capa, sumário, texto de apresentação e fotografias com títulos e legendas. Vale destacar que as fotografias podem compor também uma exposição para toda a comunidade escolar, inclusive integrando algum evento da própria escola.

Para atrair a atenção dos leitores, os estudantes precisam estar atentos à elaboração estética das fotografias, buscando os melhores ângulos para produzir efeitos singulares nas imagens fotográficas e, posteriormente, dedicando-se ao trabalho de edição.

6.4 Do artigo de opinião para o cartum

O/A professor/a propõe que os estudantes produzam um artigo de opinião a partir da leitura da obra literária em estudo. Para situar a produção textual, os estudantes devem supor que foram convidados pelo editor-chefe do jornal da cidade para escreverem um artigo de opinião que será publicado no site do jornal.

Após a finalização do artigo, o/a professor/a solicita que os estudantes o retextualizem em um cartum, uma vez que os dois gêneros jornalísticos se aproximam por apresentarem um ponto de vista sobre uma temática, ainda que seja de formas diferentes. Vale destacar que o cartum trabalha com a ironia e o humor, geralmente tem um ou dois quadrinhos, discute temáticas universais e trans-históricas (diferentemente da charge, que trata de temáticas da atualidade) e os desenhos caracterizam-se pela economia de traços.

Uma alternativa para essa proposta de produção textual é, em primeiro lugar, os estudantes produzirem uma crônica e, em segundo lugar, a retextualizarem em uma charge, já que a dimensão da atualidade perpassa os dois gêneros jornalísticos, o que torna ainda mais interessante a retextualização.

6.5 Propaganda publicitária

Os estudantes devem produzir uma propaganda que tenha como objetivo divulgar o acervo disponível na biblioteca ou na sala de leitura da escola. Para tanto, eles devem escolher um livro do acervo para a leitura. Conhecendo a obra literária, os estudantes traçam estratégias, no uso das linguagens, para incentivar outros estudantes a lerem a referida obra literária. A propaganda pode ter como suporte o cartaz, que seria afixado nos murais da escola, ou o vídeo curto, que pode ser disponibilizado para a comunidade escolar pelas redes sociais.

Seria interessante que, ao final, fosse feita uma consulta ao sistema de retirada de livros da biblioteca para avaliar se as propagandas elaboradas pelos estudantes atingiram o seu objetivo de incentivar os estudantes a lerem os livros indicados.

7

Na posição de agente político

7.1 Lei

A partir de uma relação entre literatura e realidade social, o momento da Palavra Compartilhada pode evidenciar para a turma problemas sociais que precisam de uma maior atuação do Estado. Para tanto, o/a professor/a pode propor a produção de um projeto de lei, debatido em grupo, ou a escrita de um artigo de lei, produzido individualmente, que possa regulamentar melhor as relações sociais que são atravessadas pela questão em discussão.

É importante contextualizar a situação de interação para os estudantes. Como as leis tramitam no âmbito do Poder Legislativo, o/a professor/a precisa especificar a posição que os estudantes devem assumir na produção textual, qual seja, vereadores, deputados estaduais, deputados federais ou membros de movimentos sociais, que estão propondo um projeto de lei por iniciativa popular.

Uma sugestão é o/a professor/a organizar uma plenária em sala de aula, e cada grupo deve apresentar e defender o seu projeto de lei. Em seguida, os demais estudantes discutem o projeto, inclusive propondo alterações, e, por fim, há uma votação para a aprovação ou para o arquivamento do projeto de lei.

Seria interessante que se discutisse, em sala de aula, os trâmites para a promulgação das leis, a sua função social, a sua importância e os seus limites para a transformação social. Ademais, uma visita à Câmara dos Vereadores ajudaria a potencializar a construção de conhecimentos nessa proposta de produção textual, contribuindo para que os estudantes vivenciem um pouco desse espaço político.

7.2 Discurso político

O/A professor/a pode propor que os estudantes imaginem que foram convidados para fazer um discurso na Câmara dos Vereadores, na Assembleia Legislativa ou no Senado, ou, então, para fazer um discurso em um evento, como um congresso, um fórum, uma conferência ou um seminário, organizado para discutir uma temática específica. Considerando essa situação de interação, os estudantes produziriam o discurso para incitar o debate sobre o problema em questão.

Como o discurso político para uma plateia é um gênero oral que se realiza em um contexto formal e que exige uma preparação do que será dito, é imprescindível que a produção textual seja planejada em três etapas: (i) a escrita do discurso; (ii) a sua oralização diante da turma; (iii) o debate sobre o discurso proferido.

Essa é uma boa oportunidade para trabalhar com os estudantes a situação de falar em público, não apenas em termos de sugerir estratégias para se ter um bom desempenho, mas também em termos de oportunizar um momento para os estudantes racionalizarem suas inseguranças de falar em público, muito frequentes entre os adolescentes.

Para oportunizar a vivência de um espaço de reflexão coletiva, a escola pode organizar uma assembleia estudantil em parceria com o grêmio, na qual alguns estudantes discursariam sobre uma determinada temática para, em seguida, todos discutirem as ideias apresentadas.

7.3 Projeto de intervenção social

Partindo da identificação de problemas sociais por meio da leitura de obras literárias, outra possibilidade é a produção de um projeto de intervenção social. O projeto deve consistir das seguintes partes: (i) apresentação (da intervenção social proposta); (ii) objetivos; (iii) justificativa; (iv) público-alvo; (v) metodologia; (vi) recursos necessários; (vii) cronograma; (viii) resultados esperados.

O primeiro passo é definir muito bem o problema a ser enfrentado, fazendo um recorte para que ele seja bem específico. Em seguida, planeja-se a intervenção por meio de um plano de ações para atingir determinados objetivos, com determinado público-alvo, em determinado contexto social, com determinados recursos, em um determinado período de tempo.

É imprescindível orientar os estudantes para que eles considerem a necessidade de o público-alvo ser ouvido e integrado às ações propostas para que a intervenção seja mais realista, efetiva e colaborativa. Como professores/as de Língua Portuguesa e Literatura, vale destacar, ainda, o quanto o uso político das palavras pode ser um modo de agir no espaço social para transformá-lo, lembrando sempre que a interação dialógica não é apenas um instrumento estratégico, mas, principalmente, o território das transformações, porque é na palavra que o processo político acontece.

Seria muito interessante que essa proposta de produção textual não se encerrasse com a elaboração do projeto de intervenção social, mas que esse planejamento fosse posto em prática pelos estudantes. Inclusive, seria uma boa oportunidade para construir um trabalho interdisciplinar, que poderia contribuir muito com o processo de ensino-aprendizagem.

7.4 Diante dos fatos

Os estudantes pesquisarão um acontecimento recente que tenha sido noticiado pela mídia ou que tenha ocorrido na escola e tenha alguma relação com os problemas sociais discutidos na leitura da obra literária. Em seguida, produzirão uma nota de repúdio, um abaixo-assinado ou uma carta aberta, posicionando-se politicamente em relação ao fato.

É fundamental que os estudantes tenham argumentos consistentes para defenderem o seu posicionamento, a fim de que o texto não se reduza apenas a um sentimento de indignação, sem uma construção racional de ideias. Ademais, as produções textuais podem circulam pelas redes sociais, serem afixadas nos murais da escola ou impressas e distribuídas durante o intervalo para que tenham leitores reais.

7.5 Propaganda política

Os estudantes escolherão uma causa política que tenha relação com a obra literária lida anteriormente para produzirem uma campanha política em defesa dessa causa. A campanha pode destinar-se à própria comunidade escolar e ter como suporte o cartaz, o panfleto e/ou o vídeo.

Para tanto é importante que os estudantes se dediquem a estudar mais a causa escolhida com base em importantes pensadores, pesquisem dados históricos, estatísticos e científicos, conheçam as leis que regulamentam o problema social em questão e busquem casos que exemplifiquem a importância de lutar politicamente pela causa.

Vale destacar que a utilização de frases de efeito é um procedimento recomendável para as campanhas políticas, bem como a interação entre as diferentes linguagens, como a escrita, a fotografia, o desenho, o infográfico etc.

7.6 Manifesto político

Depois do momento da Palavra Compartilhada, os estudantes produzirão um manifesto com a seguinte temática: "A sociedade que nós, jovens, queremos". O objetivo é que os estudantes, analisando criticamente os dilemas atuais da sociedade brasileira baseados na leitura da obra literária, imaginem e defendam um projeto de sociedade pautado em outros valores com outras formas de socialização. Trata-se de idealizar um futuro melhor, motivando os leitores do manifesto a uma luta coletiva para a construção desse futuro e apresentando argumentos que os mobilize em prol dessa luta.

O diálogo interdisciplinar com a Filosofia e a Sociologia pode enriquecer muito essa proposta de produção textual; por exemplo, com o estudo do *Manifesto comunista*, de Karl Marx e Friedrich Engels.

Referências

BAKHTIN, M. (VOLOCHÍNOV, V.). *Marxismo e filosofia da linguagem*: problemas fundamentais do método sociológico da linguagem. 16. ed. Tradução de Michel Lahud e Yara Frateschi Vieira. São Paulo: Hucitec, 2014.

BAKHTIN, M. *Estética da criação verbal*. Tradução de Paulo Bezerra. 6. ed. São Paulo: Editora WMF Martins Fontes, 2011.

BAKHTIN, M. *Os gêneros do discurso*. Tradução de Paulo Bezerra. São Paulo: Editora 34, 2016.

BAKHTIN, M. *Notas sobre literatura, cultura e ciências humanas*. Tradução de Paulo Bezerra. São Paulo: Editora 34, 2017.

BAKHTIN, M. *Problemas da poética de Dostoievski*. 5. ed. Tradução de Paulo Bezerra. Rio de Janeiro: Forense Universitária, 2018.

BRASIL. Ministério da Educação. *Base Nacional Comum Curricular*. Brasília: Ministério da Educação, 2017. Disponível em: http://basenacionalcomum.mec.gov.br/images/BNCC_EI_EF_110518_versaofinal_site.pdf. Acesso em: 12 ago. 2021.

CHARTIER, R. Do livro à leitura. *In*: CHARTIER, Roger (org.). *Práticas de leitura*. Tradução de Cristiane Nascimento. 2. ed. São Paulo: Estação Liberdade, 2001.

COLI, J. *O que é arte*. 15. ed. São Paulo: Brasiliense, 1995.

COLOMER, T. *Andar entre livros*: a leitura literária na escola. Tradução de Laura Sandroni. São Paulo: Global, 2007.

COSSON, R. *Círculos de leitura e letramento literário*. São Paulo: Contexto, 2019.

EAGLETON, T. *Teoria da literatura*: uma introdução. 6. ed. Tradução de Waltensir Dutra. São Paulo: Martins Fontes, 2006.

FRANCO JUNIOR, A. Operadores de leitura da narrativa. *In*: BONNICI, T.; ZOLIN, L. O. (orgs.). *Teoria literária*: abordagens históricas e tendências contemporâneas. 2. ed. Maringá: Editora da Universidade Estadual de Maringá, 2005.

FREIRE, P. *Pedagogia da autonomia*: saberes necessários à prática educativa. 62. ed. Rio de Janeiro; São Paulo: Paz e Terra, 2019.

LUCAS, F. *O caráter social da literatura brasileira*. Rio de Janeiro: Paz e Terra, 1970.

LUZ, I. G. X. *O que é slam? Poesia, educação e protesto*. Disponível em: https://profseducacao.com.br/artigos/o-que-e-slam-poesia-educacao-e-protesto/. Acesso em: 24 out. 2023.

MARCUSCHI, L. A. *Da fala para a escrita*: atividades de retextualização. 10. ed. São Paulo: Cortez, 2010.

PASSARELLI, L. M. G. *Ensino e correção na produção de textos escolares*. Perdizes: Cortez, 2012.

SILVA, P. R. M. *Práticas escolares de letramento literário*: sugestões para leitura literária e produção textual. Petrópolis: Vozes, 2022.

SOARES, M. A escolarização da literatura infantil e juvenil. *In*: EVANGELISTA, A. A. M.; BRANDÃO, H. M. B.; MACHADO, M. Z. V. (orgs.). *Escolarização da leitura literária*. 2. ed. Belo Horizonte: Autêntica, 2011.

TARDIF, M.; LESSARD, C. *O trabalho docente*: elementos para uma teoria da docência como profissão de interações humanas. 8. ed. Tradução de João Batista Kreuch. Petrópolis: Vozes, 2013.

ZAPPONE, M. H. Y. Estética da recepção. *In*: BONNICI, T.; ZOLIN, L. O. *Teoria literária*: abordagens históricas e tendências contemporâneas. 2. ed. Maringá: Editora da Universidade Estadual de Maringá, 2005.

Conecte-se conosco:

f facebook.com/editoravozes

◉ @editoravozes

𝕏 @editora_vozes

▶ youtube.com/editoravozes

© +55 24 2233-9033

www.vozes.com.br

Conheça nossas lojas:

www.livrariavozes.com.br

Belo Horizonte – Brasília – Campinas – Cuiabá – Curitiba
Fortaleza – Juiz de Fora – Petrópolis – Recife – São Paulo

EDITORA VOZES LTDA.
Rua Frei Luís, 100 – Centro – Cep 25689-900 – Petrópolis, RJ
Tel.: (24) 2233-9000 – E-mail: vendas@vozes.com.br